新醜陋中國人

日中比較篇

◎黃文雄　著
◎傅紅薇　譯

前衛出版
AVANGUARD

前言

　　日本人是什麼樣的人？中國人又是什麼樣的人？這個疑問是筆者提筆撰寫此書的動機之一。

　　自從一九七〇年代以來，不少有關「日本人與中國人」的論述出刊。在閱讀這類書籍時，雖然有筆者認同的見解，但也有不少是完全沒有根據的論述。

　　筆者一直認為：如果要談論「日本人與中國人」，必須從三個觀點來看：

　　首先，筆者認為必須提出的是，有關養成「日本人與中國人」的歷史成長背景。如果不去探討他們成長的歷史社會背景和文化條件，對「日本人與中國人」這個問題是難以解答的。有一句諺語說：「南橘北枳」。當成長

的社會背景和文化環境不同，其國民個性、價值觀和世界觀等等，自然有所差異。

接著，我認為想要了解日本人或中國人，就必須先了解孕育日本人和中國人本質上的宗教信仰，和衍生的生活思考模式，尤其是「神道」和「道教」，分別影響了日本人和中國人的內心意識，像這類的民俗宗教信仰，非討論不可。

「神道」是一個民族的、民俗的宗教，和日本人的生活緊密結合，引導日本人對事物的想法，孕育出日本文化。而「道教」，和中國的關係也是這樣。

最後一個是有關「大和魂」與「中華思想」。可惜到目前為止，有關「日本人與中國人」的書籍幾乎沒有討論到這三點，讓筆者覺得很不可思議，這也是筆者要提筆撰寫此書的原因之一。

中國到底是一個什麼樣的國家？每當被人問到這個問題時，筆者總是毫不遲疑地回答：「是人治的國家、詐欺的國家，以及強盜的國

家。」那麼日本呢？當被如此反問時，我也可以毫不猶豫地說：「日本是個與中國完全相反的國家。」

每當筆者一聽到「中國人」，心中馬上浮現「以自我為中心」、「馬馬虎虎」、「沒責任、沒秩序」、「死不認錯」這樣的印象，而日本人的性格卻是與其相反。

當然，這樣的觀察乃源自筆者出生在曾被日本人和中國人各統治五十年的台灣，以一個台灣人看到的「日本人和中國人的形象」來深入探討，希望更能達到客觀公允。

如果本書可以幫助讀者重新思考、評價中國人與日本人之不同，並盡一臂之力的話，是何其幸也！

黃文雄

目　次

第三章　中國人商法　　083

第一章

中國人的

精神結構

「人治國家」的中國

　　當我們討論中國人和日本人時，絕對不能忘記中國社會和日本社會在歷史結構上的差異，在現實中，它們也有完全不同的國家體制背景。日本這個國家是一個自由主義、議會制的民主主義國家；相對的，中國在改革開放後，雖然高喊「社會主義市場經濟」口號，但仍堅持「四個原則」（堅持無產階級專政；堅持馬列主義、毛澤東思想；堅持社會主義；堅持共產黨領導），是堅持共產黨一黨統治的「社會主義」國家，也就是左翼的全體主義國家。

　　古羅馬帝國以「萬民法」這部律法來維持帝國秩序，而中國歷代王朝中，表面上雖有「唐律」或「清律」，但與其說是法律，毋寧說是以「天子之德」一手掌控所有的法律。無論怎麼說，以「天子之德」建立「一君萬民制」，是中國歷史社會的一大特色。

當然這是有其思想背景的。中國二千年來，是一個典型的「人治國家」，以「有德天子」的儒家思想做為統治天下的方針。

如果以獨尊儒教的始祖董仲舒的說法，「遍得天下之賢人，則三工之盛易為，而堯舜之名可及也」，那麼治理天下的必備要件是：懂不懂政治、經濟都在其次；只要能得到有仁義、有道德的人才，就足以使萬民服從，天下太平。

中國歷代王朝以「科舉」制度任用官吏，有文與武的考試，但武官的考試有名無實，現實中是以「文科」為主流。主要的測試科目為四書五經，只要所寫的文章合格，就可以出任秀才、舉人、進士、狀元（上述皆為科舉合格者的官階），即使不懂法律，也一樣可以出任官吏。亦即由一群不懂法律的統治者來管理民眾，結果造就了沒有法治的中國社會。

今日的中國社會，的確以設立國務院為開端，各省市也相繼公布了許多法令、規章等，但事實上幾乎不遵守。地位愈高的人愈可

以恣意作為，或是一語定天下，做出超越法規的事。如毛澤東選定華國鋒做他的接班人，就完全沒有法律的根據。這種指定繼任者的方式，根本就是極度無法治的象徵。

還有，中國的婚姻法明白規定可結婚年齡為男二十歲、女十八歲，但為了鼓勵晚婚，實際的行政命令是男三十歲、女二十五歲，或男女雙方加起來共五十歲，才可得到結婚許可。

與日本社會典型的「法治國家」相對照，中國社會可說是一個不折不扣的「人治國家」。

凡是稻作民族，對於大自然都抱持順應的想法，對於權威或法律，也是相同的心態。只是，同為農耕民族的日本人與中國人，對遵守法律卻有兩極的對照。

日本人是極端的守法，就算有「即使是紅燈，只要大家一起過馬路就沒什麼可怕」的集團心理與行為，仍都遵守法令或法律。當有罷工事件發生時，也是依「工會罷工法」來運作。

同樣都是農耕民族（中國南方的農作為米，北方則是小麥、雜糧），但相對於萬事遵守法規與政令的日本人，不諳法律的中國人常被稱為「法匪」（以法律為武器的盜匪）。

雖然中國被稱為人治國家，其實還是有法律存在。只是，中國人的法律是給人民遵守的，或用來制裁下台的政敵的；它不是給統治者遵守的。對統治者而言，「朕即國家」，「朕即法律」。

例如在文革期間，「毛澤東最高指示」、「毛澤東思想」就是法律。甚至到了鄧小平時代，「鄧小平談話」仍然是國家法律。

「愚民社會」的中國

關於日本和中國社會的異質性，如果只從社會結構來看，最大的差別應該在於中國是「愚民社會」，而日本則是世界教育水準最高的「知識社會」、「大眾文化社會」。

　　中國人自殷商時代（西元前十七～前十一世紀）發明文字，在累積的知識中創造出中華文化。漢字、儒教、佛教、律令等，皆成爲漢字文化圈的象徵。因此，中國被看成是「文字之國」、「禮儀之邦」和「文明古國」。

　　中國雖然號稱「漢字之國」的本家，但漢字只能做爲漢民族的溝通工具，僅能使用在漢字文化圈。少數能閱讀並以漢字創作文學作品的，直到二十世紀中葉爲止，還是侷限在少數的士大夫（知識份子）階級。

　　中國自有史以來，社會階級的士與民分得非常清楚。士被稱爲「君子」，民被稱爲「小人」。時至今日，這種階級二分法仍沒什麼改變。知識份子仍然支配著一般人民，也就是說，由飽讀詩書的讀書人統治無知的大眾，這是中國愚民社會的典型結構之一。

　　知識份子獨霸所有傳達知識的工具，徹底操弄知識的傳播，藉此牽動數億民眾，這是中國社會的傳統。世界上，像這種徹底分爲「君子」與「小人」的階級社會，應該很少見

吧！如果以「非知識份子即愚民」來看待中國人，通常是不會錯的。

日本人一般都有基本常識，中國卻是只少數人有常識，大多數人是愚民，這樣的說法一點也不誇張。所以，毛澤東才會喊出「解放八〇％不識字的人」的革命口號。

現在中國人的識字比率和以前比較，其實沒什麼改變。全世界不識字的人口，中國佔有一半以上的比率，這是眾所皆知的事。

根據中國官方報告，即使身為統治階級的中國共產黨幹部，十人之中就有一個有閱讀書寫的障礙。而一般的報告指出：四個人之中就有一個人不識字，這個說法不正確。真正的情況是四個人之中就有三個人不識字或有閱讀障礙。

當然，會導致這樣，除了歷史傳統因素以外，還有漢字本身的問題和教育制度的原因，絕對不是一個單純的問題。少部分士大夫為了掌控多數的愚民，自然形成了這樣的歷史社會結構。

　　由此觀點來看，中國社會是知識份子的文化社會，相對的，日本社會則是一個極典型的大眾文化社會。

　　即使到了二十世紀，中國的「愚民化」還是有增無減；為了形成愚民社會，學校成為知識和意識形態教育的中心。為了配合政府，學校只提供特定的知識和意識形態，反對的意見和疑問都被視為「犯罪」。「智慧」的教育被壓抑，只實行死背的教育方式。這樣的中國社會，教育愈發達，愚民愈多，有「智慧」的民眾則愈少。

　　還有，另外一個社會教育工具：大眾媒體，也是由政府掌控，因此，大量教育出的愚民不只缺乏中國國內的資訊，對世界資訊也一無所知。所以，上至國家指導者，下至一般庶民，有智慧的人越來越少。

　　日本則與中國不同，日本為了確立解讀難懂的漢文和日文體系，開發了「かな假名文字」（表音文字）。發音和文字統一化，言文一致的文字體系在全世界也屬少見。因為漢字

的傳入而發明了かな假名以外，又創造漢字和かな假名混合的文體。由此可知日本文化的柔軟性和多樣化。也因此，自江戶時代以後，日本有世界上最高的教育水準，更因大眾文化普及全國而廣受矚目。

日本人對教育的熱心，其來有自。不僅讓江戶時代來訪的西方人大為驚嘆，連明治維新之後，到日本的中國國語改革運動者也刻骨銘心。

例如，參與康有為、梁啟超等人所推動的維新運動的王照，逃亡到日本時，驚訝於日本的教育普及，回國後，帶著救國策求見李鴻章，卻被拒絕，只好改向李鴻章的助理于式枚提出如下的建言：

「現在的我國，將秀才、舉人、進士等全部加起來，共有二十萬人（當時中國的人口為四億），但是和日本受到普通教育的五千萬人相比，還不超過二百五十分之一。這正好是拿一去比二百五十。」

王照不但指出甲午戰爭勝敗的關鍵在於教

育，還提出教育普及和語文統一的建言。

世界上類似日本人這種熱心教育的，實在少見。歷史上常可看到，只要有日本人的地方，大眾教育馬上就像疾風般擴展。以台灣為例，日本統治之前，識字率未滿一○％；半世紀後，識字率逼近八○％。還有當日本從歐美國家手中接收東南亞殖民地後，和既有的歐美菁英式教育不同，日本除了很快地讓地方話普及以外，還發行新聞雜誌，擴展大眾文化。

日本的大眾文化熱潮應該是江戶時代的特有文化模式之一吧！那也是町人（工、商、藝界）文化的象徵之一。

所以，當資訊時代一來臨，日本不但成為世界先進國，眨眼之間，更將日本建立成資訊化的社會。

易姓革命的中國史

中國和日本的歷史社會，性質完全不同。

中國史的潛在趨勢是「易姓革命」（王朝交替），日本史的潛在趨勢則是「萬世一系」的傳統社會。

中國在周朝末期到春秋時代，雖然周王朝權力衰退，無法號令各地諸侯，但是周王朝的權威仍然延續數世紀之久。因此，春秋時代的權力遊戲才會出現「尊王攘夷」的口號。

與其說中國每次易姓革命就會天下大亂，不如說因為天下大亂，所以才引發易姓革命的可能性。就因為存在著易姓革命的可能性，政權總是不穩定，權力集團內部的鬥爭更是激烈。在這樣的歷史社會，就產生了「勝者為王，敗者為寇」的價值觀了。

例如，中國歷代帝王之中，從漢高祖（西元前二四七～前一九五年）到清朝德宗駕崩為止（西元一九〇八年），除了自封為王的草莽英雄，或生卒年月不可考的帝王以外，兩千多年間共有二百零八位皇帝。

在這二百零八位皇帝中，自殺和被殺的，共有六十三位；也就是有將近三分之一的帝王非

自然死亡。

考證其死亡年齡：在一～二十歲之間夭折的有二十四人，二十一～四十歲少壯時期亡故的有八十三人，四十一～六十歲中壯時期亡故的有六十七人，六十歲以上亡故的有二十六人。以八十歲享盡天年以終的只有五個人。

這二百零八位帝王的平均壽命不超過三十八歲。可見即使是帝王，也難長壽。

在中國，要當上太子，總是得經過無止盡的宮廷暗鬥。直到太子登基繼位為止，更不知道要經過多少派系內鬥。被捲入鬥爭以致死亡者，就算多達數萬人也不足為奇。因宮廷內鬥或王朝滅亡而被殺的皇子、皇孫，不只是被殺的帝王的數十倍，更高達數百倍。

以唐太宗為例，玄武門之變（西元六二六年），唐太宗殺害已是太子的哥哥和弟弟齊王，追尊父親高祖為太上皇；到他即位之時，死亡人數達數萬人。宋太宗在其兄離奇死亡後，自行登位（西元九七六年），還誅殺了太子一族。還有，明朝的永樂皇帝在靖難之變

（西元一四○二年）殺了侄子惠帝，而在篡奪皇位時所殺的人更是空前。中國自古以來，登上皇位就進行大屠殺者，後來都成了明君。

由此可見，皇位的爭奪戰總有數千、數萬人被殺或被牽連，這已成為中國的歷史鐵則。即使是皇位最安定的漢朝，在漢武帝與太子居住的首都長安，都因為父子之間的爭執導致長安城死亡人數高達五萬人。這正是毛澤東說的「中國的真理」──「槍桿子出政權」。

歷代中華帝國的產生，大都在天下大亂、群雄並起之時，打倒多數敵對集團，倖存下來的即是壓制天下的帝王。因此，為了維持龐大的帝國繼續存在，必須要有龐大的能量，所以大量肅清功臣是必要的。漢高祖、明太祖都如此，為了肅清功臣和消滅諸侯而耗盡社會資源，光是一次肅清或征伐就要死數萬人。

從中華帝國史的發展過程來看，中華帝國是一個典型的侵略膨脹國家。例如漢武帝時代，長期征戰周邊的夷狄（未開發民族），結果人口幾乎減半，死亡人數最少為二千萬人左

右。如此大量耗用國家、社會資源的同時，也帶來了社會和自然環境的惡化，或許這也是一治一亂的中國歷史循環不已的原因吧！

當然，中國社會不限於中華帝國時代，從中華帝國崩壞以來，到了二十一世紀，社會、自然環境的惡化所帶來的社會競爭、有限資源的爭奪，反而比以前更激烈。

例如，一九七三年八月二十四日，周恩來總理在中共第十次全國代表大會的政治報告中，引用恩格斯所言──「無產階級的發展永遠與內部鬥爭為伴」，除了提出「半世紀以來，中國共產黨歷經十次的重大路線鬥爭，林彪的反革命集團被消滅後，並不代表黨內的兩大路線的爭議就此結束」，還提出了以下的預言：

「社會主義有相當長遠的歷史階段。在這些歷史階段中，始終存在著階級，和階級矛盾、鬥爭，也存在社會主義和資本主義這兩個鬥爭路線。資本主義復活的危險性是存在的，來自帝國主義和社會帝國主義之侵略和顛

覆的威脅也都存在。這些矛盾反映出中國共產黨的路線之爭是長期存在的，今後，不論十次、二十次、三十次，都有可能發生……這些都不是大家的意志所能左右的。」

半世紀之間，共有十次的內部鬥爭，等於平均每五年就有一次鬥爭。從這些鬥爭經驗來看，周恩來預測往後將可能有十次、二十次，甚至三十次的鬥爭是無法避免的。與其將這個預測當成來自馬克思主義（認為鬥爭是社會發展的原動力）的思想，不如說是從中國的歷史特質裡所得到的經驗結論。中國在改革開放後，政治鬥爭不但沒有停止，反而為了爭奪有限資源而更擴大鬥爭。

相對地，日本自神代時代以來，天皇制仍持續至今。雖曾有壬申之亂，或像南北朝一樣的皇室內部鬥爭，但一直沒有發生易姓革命、王朝交替之事。

日本的天皇制只要決定了太子，正常情況下都將成為天皇。

戰亂連連的中國

中國歷史社會的一大特徵是「戰亂時代」。

雖然日本歷史家或小說家對日本南北朝時代和應仁之亂後的「戰國時代」，是用「戰亂的時代」或「天下大亂」來記述，但那只是模仿中國歷史記載的文字語彙而已，並不是正確的表達。日本並沒有所謂「天下大亂」的時代。

在日本歷史中，從繩文、彌生時代開始，到南北朝、戰國時代，還有近代的明治維新，甚至於大東亞戰爭都算進來，從沒有一個時代叫做「天下大亂」的時代。

中國春秋戰國時代常被記載為「戰亂的時代」，或是「亂世」、「天下大亂」的時代。其實，春秋戰國時代雖稱為「戰國」時代，但絕對不是一個「戰亂」時代。

的確，在春秋時代的二百四十年間，歷史記

錄著封建領主彼此之間的侵略、討伐戰爭共達
一百四十八次。大約每二年就有一次。到了
戰國時代，發生戰爭的頻率更超過了春秋時
代。二百四十八年間，光是大規模的戰爭就有
二百二十二次，小型的紛爭則是無從計數。

如果以戰爭頻率、次數來看，春秋戰國時代
的確符合「戰國」時代這個名稱，是一個戰爭
的時代。但絕對不能因此就說它是一個「戰
亂」或「天下大亂」的時代。

如果以戰爭的時間、規模來看，戰爭確實激
烈，規模也相當大，犧牲者更是不計其數。
例如，從秦孝公（西元前二六一年即位）到秦
始皇十三年的百餘年間，被斬首的敵人就有
一百二十多萬；被六國反擊死亡的秦兵也與之
不相上下，而屠城更是不可勝數。

秦國大將白起在長平大破趙軍，一夜之間，
將四十萬投降的趙國士兵全數活埋。到了秦朝
末年，西楚霸王項羽在新安活埋了二十四萬秦
國軍士。而楚軍與漢軍的彭城之戰更是屍首遍
野。歷史還記載，這場大規模的殺戮使河南省

內睢河的水無法流動。

即使如此，不論春秋戰國時代，或秦朝末年到漢朝初年，仍然不能稱爲「戰亂」或「天下大亂」的時代。中國春秋戰國時代的社會反而是令人感到光明的。中國從春秋時代開始，社會逐漸世俗化，即使戰火頻傳，社會競爭也趨向激烈，但是令人意外地，中國社會卻是光明的社會。

中國自戰國時代以後，築城技術逐漸發達，到第二次大戰結束爲止，一有戰爭，就常是一成不變地屠城或大屠殺。以王朝交替的西安大屠殺開始，洛陽、開封、北京、南京、揚州等地，都難逃屠城的命運。

那麼，中國的「戰亂」或「天下大亂」時代到底是哪時候？又起於何時？

西元前後的西漢末期，隨著社會和自然環境的惡化，飢餓和戰爭加速反覆發生，流民和亂賊成爲天下動盪的主因。「戰亂」或「天下大亂」就是那個時代常見的社會現象。

反觀日本歷史，即使在戰火頻傳的南北朝或

戰國時代，都找不到「活埋四十萬降兵」、「河水因堆滿屍體而無法流動」、「屠城」之舉。若以戰爭的激烈和規模來看，日本和中國的戰國時代完全沒有相似之處。

但日本戰國時代和中國春秋時代有極為相似之處。

春秋時代，諸侯、宗族的私人兵力皆以戰士為主力，這部分和日本武士很相似。其中稍微不一樣的是，春秋末期出現了所謂的「國人」，由都市裡的工、商、農民或地主的私人軍隊所組成。當時的戰爭以戰車型戰鬥為主，貴族的戰士都乘馬車，而從農村募來的士兵則歸屬為步兵。

春秋時代的軍隊組織並不大，以大國晉國為例，在大型戰爭中使用的戰車約七百輛。如果一輛戰車跟隨三十位步兵，約有二萬人兵力。從日本戰國時代來看，越後的上杉勢、甲州的武田勢、尾張的織田勢等，所動員的兵力也大約如此。當日本武田信玄的甲州軍團騎兵軍隊出現時，中國已是戰國七雄的時代了（西

元前四〇三～前二二一年），其中還有革新軍備的趙國武靈王。

春秋時代的戰爭輸贏並不在軍隊的規模，就像日本的關之原一役一樣，大都一、兩天就決定勝負了。尤其是春秋五霸爭奪天下霸權的戰局，和日本戰國末期的織豐時代（織田信長、豐臣秀吉）很類似。

所以，日本人真正體驗全民總動員的戰爭，應該是大東亞戰爭，也許是這個緣故，大多不知戰亂為何物，尤其戰後出生的日本人都是一國和平主義者。這或許是鎖國主義的延伸吧！

不論如何，日本戰國時代都找不到類似中國戰國時代那種全民總動員的戰爭。

中國春秋時代大約以黃河流域為中心，戰國時代則逐漸擴大到長江流域，所以吳、越等國被視為遙遠的國度。中國人的活動半徑並不大，在戰國時代全盛時期，人口大約三千萬人，差不多等於日本江戶時代的人口數。

總之，中國的「戰亂」時代並不是從春秋戰

國時代開始，那時中國仍類似日本的封建社會結構；而是等到轉變成「中華帝國」的社會結構之後才開始的。

天下大亂,是中華帝國的產物

當兩百多年的戰國時代結束，「中華帝國」形成之時，中國歷史社會結構的戰爭形態（戰爭文化）是以天下大亂和一統江山的循環模式來演進。

中國戰國時代之後，軍隊組織、戰爭模式在量與質上逐漸產生變化，和日本以武士為主體的戰爭模式漸漸不同了。

在戰國七雄的時代，以都市商人、平民和農村地主、自耕農為步兵的情形逐漸消失，改用戰車取代，戰爭的主體逐漸轉為貴族的職業戰士。因此，徵募而來的常備兵逐漸成為軍隊的主力。軍隊也被專業的武將「將軍」所統率，而文人宰相主宰行政與官僚系統，不再出

入戰場。

春秋戰國時代的武器是以銅、錫合金的青銅為主，到了戰國時代，開始使用鐵鑄的劍、矛、戟，以強力的弩代替弓。中原的趙國也出現了騎兵。

被稱為「七雄」的大國都成為「千乘」之國（擁有一千輛戰車），各國的兵力大幅增加。南方的楚國擁有「四千乘」，兵力大約三十萬到一百萬。日本在天下統一後，豐臣秀吉所動員的兵力也大約如此。而趙軍與秦軍在長平之戰所動員的兵力，與豐臣秀吉出兵朝鮮時所動員的兵力幾乎無法相比。

根據戰爭技術的發達和軍隊組織的變化，戰爭模式也有所不同。先是極具武士性格的短期決戰，漸漸地，步兵變成野戰或攻城戰的主力，接著又轉變成長期戰。有時攻城戰還長達一、二年。而當進入中華帝國時代後，已變成「一治一亂」的時代。

從這「一治一亂」的「亂」來看，有關戰亂的統計數字，實在可怕。

就以梁啓超、余天兩位的統計來說，中國史上大規模（國家級規模）的內亂次數，從西元前二二一年（秦始皇即位的那一年）到一九二〇年，二千一百四十年之間共有一百六十次。內亂耗掉了八百九十六年時間，大約每五年就有二年在打仗。但是依照柏楊的《中國歷代戰亂編年史》（初稿）來看，中國沒有一年不打仗。

而且，戰爭次數和規模隨著時代的演進更加驚人，其兵器和交通的發達可想而知。據黃仁君統計，從中國民國政權建立（西元一九一二年）到民國二十二年（西元一九三三年）為止，僅僅二十二年之間就有七百次內戰，光四川省就有五百次。四川省本被稱為天府之國，如今卻是「先天下之亂而亂，後天下之太平而太平」。不只內戰頻繁，因戰爭而犧牲的人更多。

自日本有史以來，被認為最大動員的關原之役，其東、西兩軍加起來也只不過十七萬人。只要超過萬人的戰爭就被認為是一場大戰

爭。反觀中國，一般戰亂的叛軍就有數十萬人參戰。赤壁之戰的曹操和肥水之戰的前秦王符堅，動員兵力都號稱百萬大軍；隋煬帝的高麗遠征軍更遠超過此數。國民黨政府軍和中共八路軍最後決戰的淮海百團大戰，雙方所動員的軍力更達六百萬人。

當然，戰爭規模愈大，犧牲者就愈多。唐末的黃巢之亂（西元八七五～八八四年），殺人八百萬，約當時人口的十分之一；清末的回亂，被殺的回教徒推算有兩千至四千萬，約當時人口的十分之一；太平天國之亂（西元一八一五～一八六四年），約有五千萬人被殺，約全國五分之一人口。

一九四九年，毛澤東在中華人民共和國的建國典禮上曾自傲地說：「共軍消滅了八百萬國民黨軍。」

當然，中國的戰爭不只是戰士死亡而已；還有世界戰爭史上都罕見的掠奪、虐殺、屠城等等行為，連一般百姓也無法避免被捲入戰禍。

以一九三〇年的河南大戰為例，河南省賑務會所編的《一九年予災紀實》寫著：「死者達十二萬人，負傷的有一萬九千五百餘人，逃亡省外的有一百十八萬五千人。被軍隊強徵的軍人有一百二十九萬七千七百餘人……」由此可以一窺一般民眾被捲入戰爭的概況。

中國民眾一定無法想像，日本的農民是懷著看熱鬧的心情跑到山上或高處，觀看賤岳之戰、關原之戰的情景。

戰禍不斷的中國，和幾乎沒有戰禍的日本相比，人民的際遇真有天壤之別。

天災不斷的中國大陸

日本的地理位置在東亞大陸的東方海上，從緯度上來看，和中國華北地方相差不多。以日本的自然、社會環境和中國相比，不只海洋型和大陸型自然環境不同，更在歷史環境上有絕大的差異。

　　中國黃河文明從盛到衰的同時，日本正是繩文時代到彌生時代。文明之所以會衰落，大都是因為人類集團過度搾取自然的結果。當土地蘊藏的能量開始衰退，導致自然環境惡化時，社會環境也跟著惡化。這種惡性循環引發的衰敗，是古文明國家的共通現象，中國自不例外。

　　中華帝國經過了秦、漢帝國全盛時期之後，天災接二連三地發生，不論自然環境或社會環境都加速崩壞。

　　根據鄧雲特的《中國救荒史》記載，自漢帝國成立後的西元前二○六年到一九三六年，二千一百四十一年間，天災高達五千五百五十次，也就是平均每四個月就有一次天災。旱災共一千零三十五次，平均每二年一次；水災一千零三十七次，也是每二年就有一次。

　　這些是「數字」顯示的災害。若從「質」來分析，這些災害至少有三個特質。

　　第一，災害空間性和時間性的普遍化。空間性普遍化是指災害隨著時間演進，從局部地區

逐漸擴大為全國性災害。時間性普遍化是指災害發生的次數快速增加，幾乎沒有一年沒有天災。

第二，災害的繼起性。也就是各種災害彼此影響，相互生成，惡性循環。例如，大旱災常會帶來蝗蟲之災；傳染病常隨著水災、旱災四處蔓延。

第二，災害的累積性。中國天災發生的週期非常短，二千年來幾乎每年都有巨大的災害發生。這些災害並沒有因為改朝換代而改善，反而有惡化的趨勢。例如，西元一世紀發生天災的次數有六十九次，二世紀有一百七十一次，十一世紀有二百六十三次，十四世紀有三百九十一次，十七世紀則有五百零七次，災害次數如同直線急遽上升。

二十世紀之後，不僅中國的山河加速崩壞，環境污染更是變本加厲，例如：森林破壞、河川湖沼乾涸、大地沙漠化等等現象。

印度次大陸（又稱印巴次大陸，泛指喜馬拉雅山以南的歐亞大陸地區）的水災雖然很多，但仍

不及中國的旱災多。這些旱災不僅在歐洲少見，連非洲、美洲大陸地區也都很少見，是中國獨有的現象；因此，中國自古以來常被稱為「天災之國」或「飢餓之國」。

日本列島雖也曾遭遇「天明大饑荒」，但和中國史上的飢荒相比，尚難達到「大饑荒」的程度。

中國天災之後總會帶來饑荒。如果是小饑荒，人們沒有食物，只好吃草根、樹皮。如果發生大饑荒，除了吃土、吃小石頭之外，甚至有人和人自相殘殺，共食屍肉的現象。這種社會集體共食屍肉的現象，還以週期性反覆發生，這在人類史上極為少見。根據筆者統計，不論記載於正史或是年表文獻，中國食人史竟長達一百二十年之久。嚴重時，還會從墳墓中挖掘出夫妻、兄弟、親人等的屍骨做為食物以度過饑荒。

而且，當大饑荒發生時，死百萬、千萬人這樣的天文數字，在中國已經不足為奇。大家較熟悉的，一八一〇年山東大旱災、河北洪

水、浙江大地震以及湖北的霜害，就死了九百
萬人。隔年餓死二千萬人。一八四九年因大饑
荒餓死的有一千三百七十五萬人，一八七六年
到一八七八年因大饑荒餓死的也達一千三百萬
人。

　　二十世紀一九三〇年到一九三二年的全國大
饑荒有一千萬人餓死，一九六〇年到一九六一
年，因大躍進政策失敗而餓死的有二千萬
人，甚至有餓死五千萬人的說法。

　　饑荒和天災反覆襲擊中國大陸，和自然饒沃
的日本列島的歷史社會眞是不同。

綠林活躍的中國社會

　　毛澤東在《湖南農民運動調查報告》中指
出：中國男子一般都受到三種權力的支配。
　　第一，國家、省、縣、鄉等國家權力。
　　第二，宗祠、支祠、家長等所謂家族父權。
　　第三，玉皇大帝、各種神鬼。

　　女人還受到男性父權的支配。

　　毛澤東的權力分析很貼切，可謂革命家的特質；但很多人認爲這種中國歷史社會的權力構造特質並非常態，那是「封建」。

　　文革期間有除四舊（舊思想、舊文化、舊風俗、舊習慣）的口號，但不只侷限這四舊。魯迅的著作一再批判中國的陋俗，他幾乎都將它稱爲「封建」；現代中國的知識份子也都認爲舊俗是「封建」的同義語。

　　那麼，直至今日的中國，以經濟學而言，到底是不是歐洲和中世、近世日本所認知的「封建社會」呢？還有，若先不討論股商時代或春秋戰國時代，只以秦漢帝國以後的中國社會結構來看，是否符合「封建制度」呢？這些一直都是經濟史學界爭論的課題。對於中華帝國以後的社會，有不少史學家少用「封建制」這樣的用語，連「封建」的用語也下意識地刻意避免。

　　我們暫且放下中國傳統社會「封建」的構造和變化這個話題。與其說中國社會像馬克

思・韋伯所說的，是一個官僚社會或家產制國家，筆者倒認為中國社會像《水滸傳》裡所描寫的世界。不只形象類似，實質結構也一樣。

中國有兩個社會型態共存著，也就是帝制中國的歷史社會，和以獨裁專制的帝王為中心的中華社會。一個是官僚和地主們支配的「封建經濟共同體」，另一個則是盜賊、草莽英雄支配的江湖俠義世界。人民不但是官僚、地主搜刮的對象，也是盜賊掠奪的對象。

如果從盜賊猖獗的中國來看日本，日本強盜實在少得驚人。遠在日本進入信史之前，中國就有一部《魏志・倭人傳》裡提到當時的日本沒有盜匪，爭奪之事亦非常稀少。

中國農民終其一生的活動範圍，大概在數公里到數十公里的半徑之內，一生為土地所束縛。雖說平時「日出而作，日落而息，鑿井而飲，耕田而食，帝力於我何有哉」，有如「鼓腹擊壤」歌，歌頌太平的生活；但有一點和日本農民很不一樣，中國農民一旦有難，會

轉成一股巨大潮流，像遊牧民族般逐水草而居，這就是所謂的「流民」。

「流民」生活結束，就再度回到「封建經濟共同體」的牢籠。但當飢荒或戰亂結束後，人口又突然大量暴增；短時間突增的人口又再度破壞自然和社會環境。這種現象成為天災或兵亂的導火線，同時也破壞了人口和糧食的平衡。當人口爆炸時，也炸開了「封建經濟共同體」的柵欄，竄出的流民奔向山林、湖澤，四處流竄；更以十萬、百萬的單位，群聚匯流，衝出「封建經濟共同體」的外殼。

像這種兵亂與天災的惡性循環，成為維持「封建經濟共同體」的人口與糧食均衡的週期性自動系統。而且，那些突破經濟共同體的流民又會突破其他閉鎖的經濟共同體，中國歷史被這種連鎖反應所牽動著。流民不僅在中華帝國的易姓革命中扮演促媒劑的角色，也讓無數「封建經濟共同體」的中央集權體制得以成立。

到十九、二十世紀後，中國社會和自然環境

開始一連串關鍵性的崩解。而中國又有四億以上的龐大人口數，因此每當天災發生時，有百萬、千萬人民餓死；更有十萬、百萬的流民到處流竄。

根據《東華續錄》，清光緒二年（西元一八七六年）華北、華中大饑荒時，「江北的乾旱比其他地區更為嚴重。災民四處流散，有一千萬山東、安徽的災民紛紛渡過長江，來到蘇州、常州等地找尋糧食」。

還有，根據陝西省賑務委員會調查發表的資料，一九二八年到三〇年間的西北大饑荒，光是陝西省就約有六分之一的省民流亡到其他省份；更有七十四萬婦女被賣到其他三十七省份。時至今日，改革開放之後的盲流（民工）有五千萬人，甚至有八千萬人的說法。

反觀日本，被稱為村社會、町人社會；日本列島四面環海，島內有山岳與河川所形成的許多典型封建藩地；即使有饑荒發生，也沒有流民流竄到其他藩地的情形。這一點與中國社會有著截然不同的歷史特色。

特務監視下的中國人

一般人對美國情報調查機關，如CIA、FBI，還有蘇聯KGB等組織活動，雖然不清楚，但是對於這些情報機構的名稱倒是耳熟能詳。日本在二次大戰時，也有所謂「特高」（特務）的活動。

然而在很多有關中國人或中國社會的論述中，常常忽略中國特務公安機關對民眾內心狀態的影響。要了解近代到現今的中國人精神結構，非得先了解中國的特務公安機關不可。

中國的特務公安機關，雖為國家安全機構，但不只是維護國家安全而已；為了維護政府權力，從調查政敵動向、逮捕，到監視民眾言行、生活小事等等，都嚴加監視。所以，每一個中國人背後，都潛藏著特務人員，這一點和言論、行動都自由，又凡事能自主表現的日本人有著完全不同的精神結構特質。

　中國歷代王朝的宮廷內外，其實都有間諜、特務在暗中活動，但是使之成爲一個制度，還爲此設立特務機構的，是從平民革命皇帝：明太祖（西元一三二八～一三九八年）開始的。明太祖一即位，馬上就設立了特務機關「錦衣衛」，並親自指揮「錦衣衛」，展開恐怖統治。他爲了確保自己的權力不被動搖，從建國功臣到權貴大臣，一一肅殺不留。

　明成祖從其姪建文帝手中奪取皇位後，也是爲了保持政權，不僅擴張「錦衣衛」，還重整組織，改名「東廠」，交給宦官管理。宦官不再只是管理後宮事務而已，搖身一變，成了人人懼怕的秘密警察。

　到了憲宗（成化帝）時代，除了「東廠」，又設立了「西廠」；不僅特務機關愈見膨脹，宦官人數也與日俱增。武宗（正德帝）時代，宦官劉瑾爲了監督「東、西廠」的特務，又設立了「內行廠」，更加發揮特務機關的凶殘。

　到了二十世紀之後，中國國民黨政府不只

接收了傳統的特務機關，還與民間的秘密組織（中國黑幫）結合，組成CC團、藍衣社、中統、軍統等特務機關，除逮捕、暗殺政敵和消滅反政府組織之外，還包括監視、掌控民眾的言行舉止。尤其是被人民解放軍打敗而逃亡台灣的中國國民黨，更在台灣全島每個角落撒下情報特務網，進行恐怖統治，以蔣介石的長男蔣經國爲頭子，將特務組織加以擴大。

台灣的五○年代被稱爲白色恐怖時代。當時筆者雖只是中、小學生的階段，卻知道學校的老師會無緣無故失蹤。隔壁村的小學也曾發生過除了校長以外而其他老師幾乎全被逮捕的事。身爲醫師的舅舅們，就有四個人突然失蹤、兩個被槍殺的慘事。

筆者在六○年代到日本留學時，日本華僑中，尤其年紀比我大一輪以上的人，雖然長年生活在日本社會，但得知我們台灣人生活在國民黨特務機關恐怖的監控下，都感到驚訝與氣憤。

八○年代，國民黨特務機關暗中監視美國各

大學台灣留學生的言行。此事成爲美國國會討論的焦點，許多特務人員因此遭到舉發、放逐；而隨著台灣島內民主化運動的興起，這些特務機關的陰影才逐漸散去。

另外，中國共產黨爲了防衛政權，創立了比國民黨特務機關更嚴密的特務組織。中國共產黨中央調查部的公安組織和相關人數，光是「武裝警察」就大約有一百萬人。還有一個類似國民黨「民眾服務處」的組織，以市鄉村鎮爲單位，負責監視一般民眾，被稱爲「居民委員會」。

在共產黨的公安機關裡，都有每位民眾的「個人檔案」。從性別、出生年月日、所屬民族、本籍、出身階級，到經歷、思想傾向、親族的政治傾向等等資料都有。中國人終其一生，隨這個「檔案」，不論到哪裡，都無法脫離這個監視網絡。

中國特務制度的特色，不只緊緊監控十二億人的思想與言行，還繼承傳統的「告密」文化，大力獎賞告密者。筆者的學生時代，在

國民黨政權管制下，「知情不報」，也就是如果知道某人有「不法行為」（反政府言語、行動），沒向政府治安機關告密的話，就以「同罪」法辦。中國大陸在文革時期，常有舉發父母兄弟或親族是反革命份子而受到獎勵，這是眾所皆知的。

二十世紀的中國人在封閉的社會裡，不只言論、人身自由被管制；連資訊、媒體都被徹底管制，和開放社會裡的日本人究竟有何不同？從意識、心理、言行來看，就一目瞭然了。

好鬥好戰的中國人

中國人有史以來就自稱愛好和平，是一個文治的民族，德治的國家。甚至出現了中國一直飽受外族「侵略」的論點。

這個論調的證據是，萬里長城乃用來抵禦北方民族的侵略。但至今，中國武夫、軍人不僅

不受尊重，還備受輕蔑。

我們先來看韓國漢陽大學金容雲教授的著作
《韓國人與日本人》，他說朝鮮半島自有史以
來，受到其他民族千次以上的侵略。我們雖
然無法得知他是以哪一份史料來計算，但朝鮮
半島人民有史以來確實不斷被「侵略」。台
灣人雖然也自認為有史以來一直被「異族統
治」，但並沒有「一直被侵略」的想法。因
此，討論「侵略」這個問題時，如果要以在哪
一時代向外擴展居住地到哪一地域來論說的
話，真的是很困難。

只是，當中國人聲明自己與朝鮮人一樣都是
一直被侵略的同時，中國人的歷史發展事實卻
是從中原不斷向外「擴展」，所以這樣的聲明
不具說服力。

連毛澤東都在《戰爭與戰略的問題》中主
張：「我們是戰爭消滅論者，我們不要戰
爭。但是，為了要消滅戰爭，只有戰爭；為了
不要有槍，只有拿起槍。」

兵書《尉繚子》是《武經七書》之一，它

告誡：「兵者，凶器也。爭者，逆德也。將者，死官也。故不得已而用之。」

毛澤東也有「兵者，凶器也」的想法，但卻仍然認爲中國人是好戰的民族。文革時代，他在對阿爾巴尼亞軍事訪中團談到中國人的好戰性格時說：

「中國人是一個愛好和平的民族（此話源自孫文）。眞是滿口謊言！中國人其實是一個好戰的民族，毫不例外的，我也是其中之一。」

中國人好鬥的例子不勝枚舉。先不提秦始皇、漢武帝以來歷代王朝的「對外侵略」，即以鴉片戰爭後，清末到中華民國初期，在批判列強「對中侵略」的同時，中國政府仍然派兵攻擊朝鮮，袁世凱總統更出兵蒙古：中國人民政府則藉口「解放農奴」，佔領西藏，對越南主動挑起「懲罰戰爭」。時至今日，仍然還與東南亞國家爭奪微小的島嶼。

中國自有史以來，不斷地重複戰亂與殺戮。雖然梁啓超認爲中國人是「被殺戮之民」，嘆

稱「戮民」，然而這不都是中國社會總是訴諸「武」力的有力證據嗎？會認為中國社會是「文」的社會，根本就是誤解。

尤其中國南方，有史以來，村與村之間的打鬥從未間斷，也就是所謂的「械鬥」。直到最近，新聞還報導上海附近的鄉村發生大規模的械鬥。

如果只舉出中國古籍中幾個論定中國人愛好和平的說法，就要證明中國人是斯文民族，這是不對的。從史實來看，與之前「中國人好文，日本人好武」的論點正好相反，日本人才是愛好和平的民族，中國人是世界上最好鬥的民族。

日本人愛好和平的最大表徵是天皇制的統治制度，從神化時代以來，幾乎都是和平統治。而易姓革命不斷的中國歷代王朝可說是「以血統治」。天皇制和武力霸權王朝是不同的，天皇制是非武力的，是繼承的，是恆久存在的，根本不需用武力奪取政權。

大家常認為日本自平安朝末期以來，一直是

武人政治，「武士」是主要的角色，因此形成「武」的社會。中國則是自隋、唐以來，一貫地實施科舉制度，在文人官僚制度下，讓人認爲中國是「文」的社會。

日本人之所以被認爲有尙武風氣或好戰個性，是基於日本的繩文文化和有史以來長期皆由武人階級所統率的原因。

但是，若以此將日本人視爲「武」的社會，中國人爲「文」的社會，那絕對是一種錯誤的見解。

中國有史以來，的確是由文人所掌控。可是，不論隋唐以前是由士大夫治理人民，或是隋唐之後由科舉出身的官僚來經營國政，說穿了，還是由一小撮文人「以文治國」而已，而一般民眾並不是那麼喜歡讀書、寫文章。

日本是一個由武士治理的社會，日本人雖有「尙武」的一面，但絕不好戰。日本列島在地理上，在長期與大陸諸勢力隔絕下，日本人一直締造著「和平」的歷史。若以戰後和平主義者的主張來看，就可以了解日本人是如何的愛

好和平。

　　日本人是和平的民族，而中國人是好戰的民族，這樣的想法才是正確的。

第二章

中國人的

「詭道」思想

爲「狡詐」而活的中國人

日本列島不僅沒有受過外族統治，也沒有像中國大陸一再重複發生自然與社會的崩解。

所以，由和平的日本列島孕育出「村社會」或「町人社會」的日本人，和沒有天敵的南極企鵝很類似，不僅是誠實的老好人，集團習性也很類似。

日本人又有「他山之石，可以攻錯」的特性；而中國人的特性是隱藏自我，不外露，總是有人先出頭了，才陸陸續續跟進。

在和平社會出生的日本人，養成「誠信」的處事之道；討厭「謊言」也是因爲「誠信」所衍生的觀念。

但是，在天災與戰爭不斷的中國，光靠「誠信」是無法生存下去的。在「仁、義、禮、智、信」五倫之中，無論怎麼強調「信」的重要，守「信」的人反而成爲冤大頭。所以，

和以「誠信」為處世座右銘的日本人正好相反，中國人以「狡詐」做為生存的方針。

中國是萬人與萬人對決，「勝者為王，敗者為寇」的社會。為了確保自我的生存空間，一定得宣示自己的正當性。但與其彰顯「倫理」，遠不如彰顯「論理」來得重要。所以，善惡的評價是由勝利的一方來決定的。

因此，文革期間因路線之爭失敗的林彪被貶成野心的「陰謀家」；而實際上的大陰謀家：毛澤東的毒辣手段被讚頌成偉大的「毛澤東戰略思想」，並且展開全國性的學習運動。這就是最好的例子。

以惡制惡的中國社會

中國社會競爭激烈，只能用「以惡制惡」的方法，否則只有被淘汰的份。

因此，中國有史以來不但「兵法」發達，「權謀術數」、「陰謀詭計」也很盛行。

如《六韜》、《三略》、《孫子》、《吳子》、《尉繚子》、《司馬法》、《李衛公問對》⋯⋯等等兵書傳承與研習。中國《孫吳兵法》問世二千年後，日本人才創作出《甲陽軍鑑》與《五輪書》之類的兵法書籍。

《孫子兵法》首篇開頭就說：「兵者，詭道也⋯⋯」然而「詭道」、「詐道」並不只侷限在軍事上。中國人日常生活中就不斷進行鬥爭，說一心致力於「詐道」也不爲過。

遠在江戶時代中期，賀茂眞淵就曾指出：「唐之國（中國），人心險惡之國，唯有邪惡。」這句話眞是一針見血。

中國戰略思考的代表作，非《孫子兵法》莫屬。〈始計篇〉提出「三面思考」與「反向思考」：

「兵者，詭道也。故能而示之不能，用而示之不用，近而示之遠，遠而示之近，利而誘之，亂而取之，實而備之，強而避之，怒而撓之，卑而驕之，佚而勞之，親而離之，出其不意，攻其不備。此兵家之勝，不可先傳

也。」

　　也就是，戰略的思考在於欺敵，所有行動皆讓敵人出乎意料。

　　「兵以詐立，以利動，以分合爲變者也。」（〈軍爭篇〉）這就是中國各種戰略思想組合後的結論。

　　中國人日常生活中，常以懷疑的口氣說：「眞的嗎？」來回應別人所說的話，買東西時也以「這可不是假貨吧？」來質疑對方。

　　連稱爲「君子」的知識階級所讀的經典，也常被任意加上自以爲是的注釋，因此「僞作」滿天飛。也因爲「僞書」、「僞經」實在太多了，清朝時期爲了訂正錯誤的注釋和分辨「僞書」、「僞經」的眞假，一時之間「考證學」、「辨僞學」興盛無比。

中國人善變的「原則」

　　中國歷史是動亂的歷史。在動盪不安的社會

掙扎求生的中國人，不由得不產生對應戰爭與變亂的思考模式。所以，如果從行動科學的角度來看，中國社會的行為模式不是歐洲的「制度型」，也不是美國的「機構型」，而是「狀況型」。為了應付狀況，法律、倫理都可以改變。當然，與人相處的態度也可以改變。

中國人因為需要因應某一場合、某一狀況而機動改變，因此「君子豹變」的情況頗受重視，也就是日本所說的「方便主義」。

孟子就是一個例子。孟子的弟子曾以他說過的矛盾論點再次請教：「剛才先生所言之事，與先前所說的有極大矛盾，不是嗎？」孟子答曰：「彼一時，此一時也。」亦即：當時空轉變，狀況也跟著轉變；所以，「以前說的是以前，現在說的是現在」。

七〇年代前後的日本人，一直相信「中國人是一個注重原則的民族」。

這是日本人對中國最大的誤解。事實上，沒有一個民族像中國人這樣沒有原則的。在

中國人頻頻宣示「和平五原則」、「週四原則」、「對日三原則」等等「原則」下，日本人情不自禁地迷惑於其中。

中國人的「原則」

因為中國人不需要原則，所以才必須宣示原則。

日本人是一個直線思考的民族，因此，當對方重複強調原則時，日本人不會去思考為什麼對方要如此說，反而深信他們是一個注重原則的民族。

可是，中國人在與對手交涉、對決的過程中，常巧妙地以「原則」這樣的話語伺機進退，並且大肆宣揚。這就是中國兵法中的「示形之術」。

大肆宣揚「原則」，就是「權變」之術，表面上不變，骨子裡不僅隨時可以修正，也可以讓步。

愈是強調「原則」，愈可向對手宣示自己地位的崇高；在與敵對決之時，更是可以保有優勢。所以，在沒有原則的同時，一定要強調「原則」的存在。

例如，中國與蘇聯在五〇年代時，還強調彼此的關係永遠不變；但是，一旦兩國爲了爭奪誰是社會主義的龍頭時，中國馬上高唱「反對修正主義」、「反對霸權主義」，並且與蘇聯絕交了。還有，周恩來與印度尼赫魯總理兩人聯手爲不結盟運動高舉旗幟，之後還成了第三世界的領導者，但是一旦牽扯到國家利益時，兩國瞬間就爲國境問題而開始長期的對抗。

中國在六〇年代一直高喊「反對美國帝國主義」、「反對日美安保條約」，但一旦外交政策轉爲親美反蘇，馬上也贊成日美安保條約了。

此舉讓一向與中國並肩反對安保的日本社會黨人士，不由得陷入一片混亂之中。

一九五九年三月九日，日本社會黨的淺沼稻

次郎書記長訪問中國，在北京被迫發表「美帝國主義是日中兩國的共同敵人」的演說，並於十七日發表共同聲明。結果，那年六月的參議院選舉，日本社會黨大敗。而中國卻與「共同的敵人」美帝國主義握手言和，變成親美反蘇；日本社會黨被中國騙慘了。

匕○年代初期，中國人不僅將天皇當成戰犯來痛罵，更一直叫嚷：「中曾根首相是軍國主義頭子。」但是，就在日中建交之後，馬上就改變了口吻，說「天皇陛下近日可安好」、「請跟中曾根先生問安」等等；這種瞬息豹變的態度，是正直的日本人無法想像與學習的。

總之，這是日本人太不了解中國人的「原則」含意的必然結果。

這就是孟子所教的「彼一時，此一時也」的權變之術。一下子就信任對方的日本老好人，實在很難理解中國人的「原則」真義。

「兩面派」中國人

日本人是激情派，只要有一點點感情變化，喜怒哀樂馬上形於色。中國人則是老謀深算，只憑臉上的表情與嘴裡的話語，無法推測他的內心。

思考或意識反映著人性的存在，喜怒哀樂則反映著人與人之間的情感與關係。在專制君主或獨裁者的面前，是沒有自己的喜怒哀樂的；也就是必須配合專制君主當時的心情來表現。

中國古代社會在專制政治的壓制下，形成父權專制，又受儒家思想的禮教主義影響，感情的流露必須以表演方式呈現。在那種歷史社會背景下，讓中國人產生老謀深算和笑裡藏刀的國民特性。

尤其成為社會主義的中國後，以政治考量為優先的風氣讓中國人產生兩大變化。一個

是「既定語句」的流行（即言論規範）。因此，中國人言語的表現被定型化，語彙開始貧乏，言語的表現日益低下。另一個變化是，中國人的情感表現開始僵化，言語、表情、姿勢不再像以前那麼豐富，撲克臉的人口益增加。

於是中國人比從前更表裡不一，再也無法從中國人的表情來判斷事物了。如果政治優先的理論可以通用的話，政治鬥爭的手段也就可以不擇手段。在嚴酷的政治鬥爭與政治優先的環境中，政治家或知識份子，甚至一般民眾的人格都被扭曲，他們必須技巧地分開表面功夫與內心真意。這種表裡不一的雙重人格還算是好的，中國人有三重、四重的人格也不誇張。

政治家更是絕對多數的三重人格。頭腦想的，嘴巴說的，行動做的，三者截然不同。其中最具代表性的人物，就是中國備受尊敬的周恩來首相。毛澤東處事相當明快，相對的，周恩來則有晦暗不明的個性。因此，在中國，別有用心的周恩來比心直口快的毛澤東更被人民

敬愛。

在中國，大眾最厭惡的是知識份子，其次是新聞記者之類的。中國媒體不以報導新聞或傳遞資訊為目的，欺騙大眾才是最大目的。因此，在中國，最被人詬病的是學者與知識份子。

為什麼說知識份子有四重人格？因為，他們所寫的、想的、說的和做的，四者之間都不相同。所以有「文化流氓」之稱。不但大眾討厭，政治指導者也不喜歡。最討厭文化人的，要屬毛澤東第一。

中國歷史學者郭沫若與頗具名聲的哲學家馮友蘭在日本相當受到尊敬，但是，中國政治界卻視為毫無操守可言，不僅人格受到質疑，背地裡還被列入「四大無恥」公案之中。

韓非曾指責「儒以文亂法，俠以武犯禁」（儒家以仁愛與人情為號召，擾亂了嚴峻的統治；俠者以暴力為手段，侵犯了當局的法治手段），因此，對於國家法紀來說，兩者皆需加強管控。秦始皇受到韓非的影響，斷然執行了

「焚書坑儒」。其中一個原因是對知識份子打從心底的不信任。文革時代，知識份子被稱爲「臭老九」，這是何等輕蔑的說法。相較日本學者對知識份子的仰慕態度，眞有天壤之別。

在中國，「兩面派」（雙面主義）絕對不是文革時代才抬頭。中國原本就是一個非「兩面派」就無法生存的社會。隨著社會競爭日趨激烈，即使不願意，也得一面向左派宣誓效忠，一面假裝服從於右派。情非得已之下，「打著紅旗反紅旗」的人出現。但是，傳統中國社會還是只能以「笑裡藏刀」或「口蜜腹劍」的模式來應對嚴酷的上下關係。這是形成雙重人格的原因。又因爲雙重人格，所以只從中國人表面的言行無法捕捉其內心的眞意。

中國人大都虛張聲勢，不論表面或藉口，重要的是要看清他內心的眞意。例如，在批林批孔運動中，表面上是批判林彪、批判孔子；然而眞正要批判的對象其實是周恩來！

所以，想從中國人形象中找出「正直」或

「誠信」的人品是不可能的事。

中國人的「笑臉攻勢」

　　一般人常認爲中國人說話率直、不拐彎抹角，日本人則是不明說「好」或「不好」，彼此之間「以心傳心」來推測對方的意思。筆者不認同這個說法，反且認爲日本人比中國人更正直、更率直。

　　中國人比日本人更精於算計，連中國人自己都說：「見人說人話，見鬼說鬼話。」即使面對相同的事情，也會爲了配合對方的實際狀況而有不同說法。

　　這種情況並不只限於前面所提到的「兩面派」中國人，這是中國人與生俱來的習性。

　　日本人不明說「好」或「不好」，是當有疑慮而需要時間考慮，或不好意思直接拒絕對方時的貼心表現。像這種場合，中國人可是比日本人更在意面子問題的，不以「好」

或「不好」來回答，卻是以「再看看」來逃避。「再看看」其實就是拒絕的意思，真是曖昧。

中國有句諺語：「怒者常情，笑者不可測也。」厭惡的時候、應該生氣的時候，卻是以笑臉來代替，這是為了防備「不可測」的事情發生，有這種反應也就理所當然了。

中國人在社交場合裡最常見笑臉攻勢了。

笑臉攻勢是要讓敵人安心，鬆弛敵人的戒備，製造對方的無防備狀態。出其不意、攻其不備則是營造敵人毫無防備的安心狀態，伺機尋求攻擊的機會，成功狙擊。

不是有句話說「福臨笑之門」嗎？

雖然同樣是形式主義，日本卻和中國的笑臉之術不同，日本是以武士道精神來呈現「武士沒飯吃，一樣窮剔牙」這樣的形式主義、精神主義。（注：日本古代有些貧窮武士，雖然平時三餐有一頓沒一頓的；但是嘴裡仍然無時無刻含著牙籤，彷彿剛剛吃飽，正在剔牙。）

當然，中國人在有勝算的時候，也會如同日

本的武士道或西方的騎士精神，與對手堂堂正正地對決；但是，如果沒有勝算，絕對不會「玉碎」，而是以縮頭低身來迴避對決，或以笑臉之術讓對手出其不意。

恃強欺弱的中國人

戰爭是歷史文化的產物之一。所以，沙漠之民與森林之民，大陸之民與島國之民，不僅戰爭的形態不同，其戰術、戰略也不同。這是基本的常識。

然而，二次世界大戰以後，日本媒體引入中國階級鬥爭與反帝鬥爭的史觀和宣傳手法，持續配合著譴責「日本侵略戰爭」活動的步調，這是眾所皆知的。

例如，中國以日本軍的「三光作戰」（燒光、搶光、殺光）或「虐殺」，一次又一次想證明和宣傳日本軍的殘暴。

但是，「三光作戰」或「虐殺」乃是中國人

的戰爭文化之一，和島國的日本戰爭文化完全
不同。因此，每次閱讀相關書籍時，總是覺得
兩者之間截然不同。

清帝國在統治中國近三百年而終結於辛亥革
命之後，滿州人陷入了幾乎被自然消滅的狀
態。沒有人屠殺，但是滿州人的祖先女真人在
「金帝國」崩潰後，連嬰兒、女人都曾遭到被
統治過的漢人進行滅種般的屠殺；這種比中國
回教徒遭到屠殺更為殘酷的史實應該受到重
視。

筆者之所以會覺得日本與中國的戰爭文化不
能相提並論，原因乃在於中國人以自身歷史的
戰爭文化來扭曲日本近代史，更別說以自己武
斷的歷史觀點強制套用在其他國家身上。

「中國人有寬大為懷的民族性」，這句話明
顯忽略了過去的歷史神話。中國人的寬大其實
是有條件的。

印度對於宗教信仰自由絕不寬鬆，但是對於
政治性對抗卻非常寬大。中國人正好相反，宗
教信仰非常自由，因為無關實際利益，所以用

非常寬容的態度面對，但是，政治上就絕對不寬容了。

為什麼在政治上絕對不寬容呢？因為對中國人而言，最重要的東西不是精神上的救贖，而是可以產生人生最大利益的政治。政治是人生唯一可以出人頭地的路徑；不論經濟或文化，全部都得服務於政治，因此，在政治第一優先的社會，統治者當然不能給予任何政治上的寬容。

所謂蔣介石的對日「以德報怨」，其實是早已算計好的宣傳用詞，以之迷惑眾人，很多人因此對中國改觀。但是筆者認為，這應該源自於他們早已忘記中國人冷酷無情的一面吧！

中國人不只在政治鬥爭中非常冷酷無情，在社會裡，對於比自己弱小的，也是非常冷酷無情。相反的，對於比自己強勢的，就會小心翼翼地察言觀色，謙虛以對。

中國人不只在職場如此，街頭的爭鬥也是一樣，很多人都會伺機在對手的要害處給予致命的一擊。

當洛克希德事件（導致日本田中角榮首相下台的購買飛機索賄事件）後，日中重新建交之時，鄧小平以第一位中國政治領導者的身分訪問日本，當時日本媒體正競相責難田中角榮，卻沒想到鄧小平竟去拜訪田中角榮位於目白區的住處。如果把此事擴大解釋，可認為是中國故意要惹惱日本國民的一種行為。

其實，這是中國人最厲害的表演。照中國的片面說法，因為中國人是注重人情義理的民族，而田中角榮是中日兩國重新建交的推手，中國人講「飲水思源」，所以理當拜訪田中角榮。

為了中日的友好，日本方面需要像田中角榮這樣的人。可是，就算中國人不知道田中角榮在日本做了什麼，以中國人的特質而言，絕對需要更多像田中角榮這樣的日本人。中國人正享受著偏袒田中角榮這類人所得到的效益。

鑽研人心的微妙處，善加利用人的道義之心，這都是制人之術。

兵法《三略》篇中說道：「蓄恩不倦，以一

取萬。」即一人之恩足以讓萬人臣服之意。吳子（兵法論述家）也曾說，對士卒施予仁愛、體恤，士卒將誓死禦敵。

善用「詭道」的中國人

《孫子兵法》所說的「兵者，詭道也」，並不像克勞塞維茲（德國兵學家）所說的詭計法或正攻法之二擇一；而是「凡戰者，以正合，以奇勝。故善出奇者，無窮如天地，不竭如江河」，「奇正相生，如環之無端，孰能窮之？」

根據英國著名軍事專家李德‧哈特名著《戰略論》所提，自希臘時代以來，震撼歷史的戰爭共有三十次大戰爭、二百八十次戰鬥，其中除了六次大戰之外，其他都是採取某種程度的間接路線而取得勝利。

這個統計證實《孫子兵法》的不朽名言：「兵者，詭道也。」兵者，就是為了打鬥，而

最厲害的打鬥方法就是欺敵之術的詭道。這就是所謂「兵以詐立，以利動，以分合為變者也」，是中國兵法的主流思想。

根據《續日本紀》記載，《孫子兵法》在唐代被留學的吉備眞備（西元六九五～七七五年）帶回日本。從此，備受日本歷代武將、兵學家所愛。

以整體的觀點來看日本和中國的戰略思考，其中最相通的地方是「奇襲」，也就是「攻其不備」。但是，日本人在戰略上只擅長「奇襲」，除此之外就找不到像中國人那麼多樣的陰謀詭計。

例如，俱利伽羅峠的平家軍、桶狹間的金川義元，以及賤之岳的佐久間盛政等人的失敗，都是典型的突襲戰爭；日本攻擊美國珍珠港更是突襲的代表作。如果說率直的日本人的戰略思考只會突襲，是有點誇張，但是他們很少耍陰謀詭計或權術，這正是日本人純潔之處。

當然，中國的兵書大都提倡「突襲」之術。

例如，《六韜》中的〈文韜〉就寫著：「兵勝之術，密察敵人之機而速乘其利，復疾擊其不意。」《孫子兵法》（始計篇）也記載：「攻其不備，出其不意。」

毛澤東在《論持久戰》中也談到：「什麼是不意？就是無準備。優勢而無準備，不是真正的優勢，也沒有主動。懂得這一點，劣勢而有準備之軍，常可對敵進行不意的攻勢，把優勢者打敗。」

大致上，中國兵法著重戰略，「不戰而勝」的勝利是最理想的狀態；只是，日本人不這樣想。當然，日本人的劍道裡也有所謂「無手勝流」（不戰而勝的方法），但大都不是策略的考量，而是如「武士道」中以「術」為至高的技術，甚至講「空」或「無心」，完全注重「精神」層面。思考的方法是單刀直入式的垂直性思考。相對的，中國人大都避免激戰或死鬥，以水平性思考來擬定戰略方法者為多。

兵法大家孫子說過：「百戰百勝，非善之善者也；不戰而屈人之兵，善之善者也。故上兵

伐謀，其次伐交，其次伐兵，其下攻城。」

（注：百戰百勝，算不上是最高明的；不經過交戰就降服全體敵人，才是最高明的。所以，上等的軍事行動是用謀略挫敗敵方的戰略意圖或戰爭行為，其次就是用外交戰勝敵人，再次是用武力擊敗敵軍，最下之策則是攻打敵人的城池。）

另一位兵法大家吳子也曾說：「是以數勝得天下者稀，以亡者眾。」（注：以多次的勝利而獲得天下的實在稀少，因此滅亡的卻為數眾多。）

太公望所撰的古兵書《六韜》、《三略》中也強調「全勝不鬥，大兵無創」。

這些論述即使彼此間有些微的差異，但「不戰而勝」的理想戰爭方式仍是中國人戰略思考上的主流意識。

直線思考是遵從法則，朝著目的地平面直行前進。那就好像赤裸裸地將自己暴露在敵人面前，在戰亂時代是何等危險。如果根據中國的曲線思考的話，不僅迂迴地避開敵人的視線，還迴避敵人可能預知之處，匍伏在迂迴曲線的死角，給予敵人出其不意的打擊。為了迴

避敵人的打擊，為了將敵人玩弄於股掌，曲線的思考是必要的。

中國人的「友好」原則

　　沒有一個國家像戰後的日本，被中國的「友好」耍得團團轉。

　　半世紀以來，日本與任何國家都維持著友好關係，其中只有中國不斷以「友好」說個不停。二次大戰後的日本，「友好」一語已經變成是中國專門「用語」，這種說法一點也不誇張。

　　至少，到日本與中國正式建交為止，中國與日本之間，圍繞著「友好」的麻煩還真是相當多。

　　尤其是戰後到七〇年代初期，「日中友好」是日本擅長友好的人士、商社、日中友好協會的專利，但「友好」的主導權卻握在中國手上。與中國「友好」的首要條件是必須反

「日本政府」、反「美帝國主義的走狗」，也必須反「中國的敵人」。中國如果反美的話，「友好人士」得立刻反美；中國如果反蘇的話，「友好人士」就必須跟著反蘇，全都要緊跟著中國的腳步。每當宣示友好共同聲明時，必定得高唱「世世代代」都「友好」。所以，如果沒有緊跟著中國腳步的話，就會從「友好人士」淪落成「非友好人士」。

為此，日本共產黨變成「四大敵人」之一，日中友好協會也宣告分裂。

如果迷失於初次見面時的熱誠歡迎，錯誤地以為那份熱誠會持續到永久，那絕對是一人錯誤。

中國人的待客之道是非常高明的，但是一旦有變，則非常恐怖。中國人所認定的友好，只限於有利用價值之時。

要了解中國人，必須由中國人深層結構的社會去理解。千萬別忘了，中國自古以來「君子與小人」的社會結構並沒有改變，如今只是變成領導階層的黨幹部和被領導的人民而已。

就如日中友好的「友好人士」在訪問中國時受到熱烈的歡迎，在感動之際卻看到中國幹部對好奇圍觀的民眾施以驅趕，像是在趕走畜牲一樣，「怎會如此？」日本友好團員無不驚訝於兩者態度上的差異。

中國民眾自古以來就被孔子等人稱為「小人」，是微不足道的人類集團；更會被當成畜牲，是因為他們的品格與統治者相差過於懸殊的結果。

即使「無產階級專政」（注：由資本主義社會轉成共產主義社會過渡期的政治型態），不僅主要幹部與一般幹部差異頗大，一般大眾與幹部更有天壤之別。這就是中國與日本「友好關係」的界線。反正所謂的日中友好，是一部分「友好人士」的專屬；而國與國之間的友好，頂多以「運動的交流」或「青年友好之船」（日本訪問中國的活動）之類的交流為限。想擁有異國間人民彼此友好是一種幻想，「世世代代」永遠交好更是夢幻的謊言。

第三章

中國人

商法

「商人」與「小人」

中國人在農曆新年時，會在門口貼上紅紙金字、寫有吉祥對句的「春聯」、「門聯」，就像日本人會在門口裝飾「門松」或「締繩」一樣。

對句裡，左右兩邊的句子相互對稱。也會有像「年年難過年年過」、「處處無家處處家」這種帶有自嘲性的文句，不過大部分是帶有吉祥含意的制式文句。最常見的春聯是「恭喜發財」，新年見面時，也都一定說「恭喜發財」。這是一般庶民最貼切的心聲。

中國自古以來，就將「商人」與「小人」合併歸納為同義語，在儒教思想中，一直是重農輕商的。至於最近在日本書店裡出現撰述孔子或儒教「經營學」的怪異書籍，與其說令人噴飯，不如說是對儒教的褻瀆。

「君子重義，小人重利」，這句話中的重利

小人就是指商人。

日本也有「士農工商」這樣的用語，在中國，自古以來，商人是最受輕蔑的職業與階級。

中國是一個以農立國的國家，重農輕商是國家的傳統基本政策。特別是漢朝與明朝，更是徹底壓抑商人，讓商人無法抬頭。西漢有位名宰相鼂錯曾說過：「今法律賤商人，商人已富貴矣；尊農夫，農夫已貧賤矣。」（注：現今的法律輕蔑商人，商人卻富裕異常；法律重視農民，農民卻貧困不堪。）

中國歷代王朝無論如何提倡重農主義做為基本國策，卻很諷刺地幾乎都亡於農民反亂，特別自中國人民政府成立以後，商人成為階級榨取的罪魁禍首，更在文革時期，與地主、富農、反革命份子及走資派，同列為被鬥爭、批判及改造的對象，其子孫也由「紅五類」被打成「黑五類」。

中國在二十世紀以來，總算結束長達數十年的軍閥內戰、國共內戰，但是政治的動盪仍然

持續不斷，勢力的消長仍像鐘擺不已。

自中國人民政府成立以來，中國人不論男女老幼都在忙著揪出階級敵人。等到文革告一段落之後，每個人又開始傾力賺取金錢，走向「向錢看」的時代。

改革開放後，在「先富有起來」的政策下，高級幹部、教師、作家、運動選手、演員、歌手、軍人等等，全都「下海」從商，搖身一變爲「商人」。中國媒體所說的「十二億人民、十億商人」，就是商人的熱潮已經啓動了。

今日，在拜金主義流行下，不只黨、政、軍幹部的「官倒」（公務仲介）、「軍倒」（軍人仲介）到處橫行，犯罪事件也日益增加。

過去，中國有德育、智育、體育等全方位的教育方針，在這個教育運動中，培育出「德、智、體」三育一體的「三好生」。到了學期末，從中選出「思想好」、「學習好」、「身體好」的好學生做爲其他學生的模範。但是，隨著革命時代結束，這些都已成

爲過去。伴隨改革開放時代而來的是「向錢看」的新人類，這些新人類在中國土地上正昂首闊步的邁進。

中國人的買賣陷阱

「華人社會，信用比生命貴重。」
「即使沒有契約或借據，也不會被倒帳。」
「中國人非常重信義、信用與面子。」
「華僑以誠信與俠義爲人生兩大目標。」
　上述這些雖然是神話，日本社會卻信以爲真。

　也就是因爲日本人深信這個神話，所以總被中國人當成冤大頭。大部分與「華僑商法」有關的書籍都寫著：華僑的「口頭約定」比契約還有效。然而，那是特殊狀況，只限於某種特別關係而當「口頭約定」比「契約」來得更有信用時。還有，如果寫下「契約書」，可能會成爲節稅或遵守稅金政策的「證據」，如果

相信口頭約定是給對方面子，口頭約定當然可以等同契約的作用。然而這些都不是「對神的發誓」，而是遠在「法律以外」的情況。現實裡，不管簽訂了多少契約，多數的中國商人也是不守約定的，而華僑「經濟犯」逃亡世界各地的也為數不少。筆者就有一位從事商事法的辯護律師，在他所辯護的詐欺犯中，有九成以上是中國人。

中國的交易是「一手交錢，一手交貨」，也就是雙方買賣同時交換商品與金額是金科玉律。日本商社曾在疏忽下，遇到沒付貨款，裝滿貨的卡車就猛加油逃跑了的被騙案例不在少數，所以一定要注意中國買賣的陷阱。

方便行事的中國商人

中國與大阪商人同被稱為最懂做生意的人，事實上中國商人也只是「口才好」與「讓對方掉入陷阱的高手」；海外大規模的商業交易幾

乎都是日本人的天下。所以，在八〇年代，日本在世界的資本市場佔有率為百分之六左右，比美英德法的總合還要高，幾乎獨佔了國際金融資本市場。

中國商人在買賣時，豈止不遵守口頭約定；就算有貿易契約的，依照八九年度中國政府正式發表的數字，其履行率不超過六〇％。

直到最近，中國人守信用的神話終於被戳破，中國人被認定為世界上最不可靠的人。

為什麼中國人不守信用呢？最近有各種分析與說法。

有人說，中國人是個大器度的民族，不像日本那樣受到法律、規則、契約的約束。如果老是死守著契約的話，反而可能讓事務進展變得僵化。所以，當客觀條件不同時，如果仍要求固守約定，是一種欠缺柔軟性又冥頑不化的做法。日本人最大的缺點就是小裡小氣、一味地要求遵守約定，完全是島國根性的呈現。

真是奇怪，遵守約定的日本人反而受到批判。

　　大體上，中國人的契約觀念是從訂約開始到實行，都依照自己的方便來行事，尤其擅長隨著情勢一步一步地改變。

　　如果日本企業不遵照契約執行，或是中途需要改變契約內容的話，常常不知所措。不論從哪個角度來說，只要不是「依照最初的約定」來進行，就惶惶不安。基於這一點，常常被中國人耍得團團轉，契約糾紛就層出不窮了。

無奸不成商的中國人

　　我們常聽到「中國人做生意的手段高明」，也常聽到「日本人擅長當一位職場達人，中國人是商場達人」。中嶋嶺雄與邱永漢在他們所寫的「中國人與日本人」書中，也都有這樣的說法。

　　中國人的確在做生意上有其高明之處，但終究只在特定的社會背景裡，並不是到哪裡都能

行得通。

中國人做生意高明，只限於「無法律」的社會。也就是在「人治的國家」，中國人做生意手法高明；但是，如果在「法治的國家」，日本人絕對是做生意的高手。

還有，中國人在獨資企業或是家族企業，其生意手法是高明的；如果是共同出資的合夥事業，就算是兩肋插刀的知心朋友，到最後公司還是經營不善，幾乎都是以翻臉散夥收場，其失敗是必然的結果。所以合夥事業仍是日本商人技高一籌。

時至今日，在「中國人擅長經商，日本人擅長當上班族」的觀念下，一般人都認為中國人比日本人會做生意，或認為日本人只精於財團貿易，若是個人買賣，中國人還是技高一等。

中國人也常說，如果以團隊精神來看，中國人輸日本人；但若是一對一，中國人的能力絕對高過日本人。然而，果真是中國籍個人比日本籍個人還來得高明嗎？在沒有可實際測量的

標準下，根本沒有科學方法可以用來比較。

事實上，中國有句俗語，「無奸不成商」，也就是說，不會用奸詐的手法就不能成為商人。就拿在海外經商成功的華僑來看，在商場上，以個人才華成功者並不多，而奉行「無奸不成商」法則成功的，則不在少數。

在特權、詐欺、夾縫中的產業裡，中國人的確經商成功；但是，在正面的經商手法上，絕對不敵日本人或猶太人。

中國商人和華僑商人所叱吒的地區只限於東南亞國家，或東南亞國協（ASEAN）；往西過緬甸，由印度洋到非洲，就全是印度或阿拉伯商人的天下了。中國商人和華僑，通常只能鑽身於這些夾縫中求取生存。

華僑所叱吒的領域，並不是以他們所吹噓的「華僑經商手法」所得到的，而是悄悄地在不醒目之處經營事業，一般都離不開「非法營業」或「中華料理」。即使在日本經營彈珠店的，也輸給韓國人。

如果要修正「中國人是商場達人，日本人

是職場達人」這個觀念的話,筆者會加以注釋:「日本人是能幹的上班族,也是可靠的商人;中國人則是頑固的農民,也是投機的商人。」

日本人是能幹的上班族也是可靠的商人,這個說法的最好證明是:日本人在世界自由經濟市場,不論資本或技術都佔有優越的地位。除此之外,根本無須再多說什麼。

當然,在十二億中國人當中不乏有優秀的職場人士,並常見到具有世界水準的雕刻、刺繡,以及其他藝術作品。但是,中國人「不可靠」(馬馬虎虎)的民族性,在思考與行動都欠缺縝密的態度下,是無法成為職場達人的。

只會游擊戰的中國商人

相對於日本人有組織、有計劃的經商方式,中國商人通常是個人的、隨機性的經商方

式。還有，日本人精通長期商業戰，中國人則擅長短期間的一決勝負。

中國人常常是散亂無組織的，在商場上只能打游擊戰；而市場上幾乎都被大企業、大商社所掌控，所以中國商人除了「夾縫產業」之外，幾乎沒有立足之地。然而，有些有能力的企業鬥士與創業家，以獨特的創意開發事業空間；比如日本華僑商人將拉麵或迴轉壽司賦予新生命，創造新潮流，在商場競爭中開出美麗花朵。只是，今日的中國市場已經是看一眼便可知全局了。中國人若非依賴國外資金與技術援助，就是模仿國外產品，並同時學習其技術，能做到這個地步，已經是竭盡全力了。

中國人說話喜歡誇大，常常說百年、千年以後會如何。好像連子子孫孫的一切都可由自己做決定。「愚公移山」（愚公在九十歲的時候，不理他人的譏諷，決定將擋在家門前的山，以一畚一畚的挖土方式將山移開）的寓言就是典型的例子。

也就因為中國人好說大話，所以看起來氣度

較大，比較有遠見。實際上，中國商人在經商方面比日本商人短視，幾乎沒什麼長期的規劃與構想；只要事業賺錢，就開始改變創業初衷。所以，企業投資都是「短期決戰」型的，大多選擇輕鬆、容易轉行的事業來經營。筆者的中國友人就曾說過，絕對不要投資三年都無法回本的事業。

與中國商人相比，日本商人比較有規劃，也比較有毅力，對於事業都能一本初衷，不輕言改變。

精於強迫推銷的中國人

日本的賣場只要一個人管理就綽綽有餘了，如果是中國國營事業，即使是小小的一個櫃台，也會擠著十位左右的售貨員。他們悠閒地聊天，即使有顧客靠近，也不理會。如果提出問題，他們回答：「不是有價目表嗎？自己看！」如果覺得客人很麻煩時，乾脆回答一

句:「沒有!」真是一群很難應付的惡人。連中國人形容那些國營企業的職員,都說他們不是「混」,就是「騙」。而一群在私人機構上班的,除非自己是老闆,否則也大都如此。

不過,中國人一牽扯到自己利益時,就變得拚老命似地積極了。只要一見到客人,馬上認為冤大頭上門了,對於只是一般路過的客人,也要想盡辦法把客人拉進店內。因為有這種拚命拉客的商家,大家只好盡量避開商店街。

如果被拉進店內的話,當沒有客人需要的商品時,大部分都會強制推銷其他的商品,這就是所謂中國個體戶做生意的高明手段。

由於中國市場裡仿冒品氾濫,很多商家把客人拉進店內後,一開口最常說的就是:「讓我教您如何辨識真品吧!」然後煞有其事地說明真品的辨識方法,同時也不忘強調自己店裡不會販賣仿冒品。

觀光地區的強制推銷更是激烈,外國觀光客常常在抵達觀光勝地、名勝古蹟之前,必須與

這些沒完沒了的強制推銷奮戰，抵達目的地時，已經疲憊不堪了。

中國商家說服客人的方法，大概會使用下列三個要領。

一、一定誇耀自己店裡的商品是全世界品質最高的，是有錢也買不到的奇珍異貨。

二、會說其他商店不是仿冒品，就是劣級品，根本沒什麼價值。

三、當客人沒有購買意願時，就會說：「客人，您實在是不識貨。」或說：「讓我告訴您辨知上等貨的方法吧！」在使出這些招數後，如果客人仍然沒有購買意願，馬上變臉，露出不高興的臉色說：「知道了！知道了！早點滾吧，東西的好壞都不懂就別買。」或說：「都已經是最低價了，你啊！真是不知好歹！」等等不客氣的言語。

中國做買賣的方式，常常是先估量客人的身價後才出價的，與日本一開始就標明價錢的買賣方式完全不同。尤其是對外國客人，更常見漫天要價的手段。

中國人買東西的時候，最擅長先嫌棄商品這裡不好，那裡不好，把商品貶到一文不值，讓賣方降價出售，俗稱「殺價」。

日本人與中國人做生意時，不論在精神上或肉體上，若非疲於這種既頑固又糾纏的買賣形式，就是認輸。

中國觀光地區因為盛行強迫推銷，因此常常與觀光客起爭執，甚至還有打架的騷動事件。例如，燒死台灣二十四名觀光客的千島湖，就是強迫推銷很嚴重的地方。

每當觀光船靠近碼頭時，搭載販賣柑橘小販的小船馬上就圍過來，包圍住觀光船。這些小販會爬上觀光船的甲板，開始販售柑橘。一個叫價一百元，約是勞工階級半個月的薪水。如果沒有販售到一定的數量，觀光船就乾脆停在碼頭不出航。觀光客常抱怨不得不買這些不好吃的柑橘，只好拿去餵猿島上的猴子。

混水摸魚的中國人

日本人是以利來結合人際關係，即使父子、兄弟之間也不例外。

中國人則是以義為人際關係的基礎，尤其奉守大義滅親的理念。

中國人重義，日本人重利。

這些都是一般中國人看日本人的觀點。其實這種觀念只是將儒教裡「君子重義，小人重利」的觀念強加到日本人身上而已。

如果向駐守中國的日本商社社員詢問對中國人的看法，十個有九個會說，中國人不守時，不守約定，尤其事關自身利益受損時，絕對不會遵守約定。

不僅如此，對於金錢不只小氣。父母、兒女、夫妻、兄弟之間都可以為金錢而翻臉。

中國人即使犯了錯誤，也絕不道歉，並且強詞奪理，推卸責任。就如同文革期間最常說的那句話：「死不悔改的傢伙。」

即使是自己的過錯，也會想盡辦法將責任推給別人。絕對不反省自己是中國人的習性，每個人都深信自己才是對的。

相較之下，日本人一絲不苟，中國人則是「馬馬虎虎、隨隨便便」，尤其在工作態度上完全表露無遺。

日本人公私分明，絕不允許公器私用；中國人則大都公私不分，到底什麼是公用的，什麼是私用的，完全混在一起。

個人經營的商店也是如此。常常可以看到商店的營業空間與家庭私人空間混雜在一起，二者之間完全沒有分界線。甚至在日本小型的中華料理店裡，還會見到客人與店員一起用餐的現象。

過度自我膨脹的中國人

如果問外資企業經營者，中國人是不是很勤勉？所得到的答案都是否定的。他們遲到早

退、公私事不分，也常會翹班去賭博。

根據某項統計，北京市內的國營企業員工不只遲到早退，沒有一個一天工作八小時的，實際上連工作四小時的也很少。

中國人在抽菸的時候，習慣先向周圍的人敬菸，此舉並不是他們認為香菸是世界的通用品。而日本人抽菸時，不管旁邊有誰，只會給自己點根菸，獨自抽起來；此舉並不是日本人比較吝嗇小氣，也不是日本人忽視旁人的存在。

中國人喝酒時，拚命向對方敬酒，要求乾杯，這種舉動並不是因為中國人豪爽的本性，也不是好客的象徵。而日本人在酒席之間不拘小節，並不是因為酒一入口就畢露本性。

總而言之，中國人將自我的思想投射在別人身上，並且強制要求他人必須與自己有相同的價值觀。筆者認為，菸、酒本屬個人嗜好，中國人卻轉化為敬菸與敬酒的習慣，此舉明顯表露出中國人強制他人的個性。

中國人是以自我爲中心又自信過度的民族，不論什麼事，都喜歡將自我的價值觀強加於他人身上。

當然，如果彼此之間互不相讓，而要強出頭的話，有可能會造成天下大亂。這個時候，強勢的一方不管其他因素而強制對方遵從自己的意志。所以，在政治方面，專制獨裁政治比民主政治更適合。也因此，中國兩千多年來，一君萬民的專制獨裁制度一直能有很好的運作。可是在辛亥革命後，引入「民主政治」沒多久，中國的社會就陷入了混亂的狀態。所以，中華人民共和國成立後，毛澤東可以打著「無產階級專政」的名號，以個人權威與權力統治中國，有如「磐石般的團結」。

企業的經營方式也是如此。中國人一向欠缺自律，又喜歡以自我爲中心，如果將公司的經營交付給他，保證沒多久，公司將一蹋糊塗。所以，最近前往中國投資的企業家的經營心得就是：個人獨資或專制式的管理方式才能維護公司的經營。

　　如果說中國人是自我本位的民族，毫無疑問，日本就是為他人設想的民族。強烈的鄉里社會性格，「他山之石，可以攻錯」的生活態度，常常為別人著想，也不會強迫他人要與自己有相同的想法。為了保持團隊的和平，會盡量避免強制他人依照自己的慣性行動。

　　一般日本人比中國人更有團隊精神，雖說鄉里社會的集團性格也是由此而來，但其實最具關鍵性的是戰後日本引入法人優惠稅制。受到法人公司的稅制比個人店舖的稅制更優惠的影響，個人經營者逐漸轉變成法人公司。

　　也由此，日本社會的生活模式、資金的流向、文化活動等等，都逐漸轉變成以公司為中心。公司上下的利益一致，團隊則生死與共。

　　如果有一位中國人也像日本人一樣為他人設想，事事總是配合著他人，筆者相信不用多久，他就會在競爭激烈的中國社會中被淘汰，無法繼續生存下去。

　　如果以自我為本位的中國人和為他人設想的

日本人在一起的話，那絕對是最佳拍檔。此話
絕對不假。只是先決條件是日本人必須永遠
毫無怨言地配合中國人，如果日本人稍有意
見，鐵定馬上撕破臉，不歡而散。

　　所以，日本人與中國人之間的交往，常常不
是被弄得身心俱疲，就是精神崩潰。

華僑經商「三大神話」

　　關於華僑生態，有三大「神話」。第一
是「犯罪率低」；第二是「繳稅的速度最
快」；第三是「專心經商，政治中立」。

　　這是有關華僑的書籍著作中提到的一般常
識，事實上卻正好相反。

　　就如電視或雜誌的報導一樣，最近中國黑手
黨一手包辦世界性毒品販賣和非法入境等犯罪
行為。美國的中國系市民不僅不是犯罪率最
低，眾所皆知的唐人街不只髒亂，甚至是最危
險的地區。

在東南亞地區，罪犯也都是中國系的人，尤其最近因為非法入境的人數遽增，導致社會問題層出不窮，造成華人和當地民眾對立。

中國人的逃漏稅有其文化背景。過去政府的橫徵暴斂和民眾的抗稅、逃漏稅所形成的拉鋸戰，是中國經濟史上很重要的一環。

現在就數字上來看，中國仍然是逃漏稅最嚴重的國家。每年大約逃漏一千億元的稅金。逃漏稅率中，國營企業五○％，鄉鎮企業六○％，個人工商戶八○％，個人收入調整稅九○％。

「逃稅天賦」也是華僑商戶數一數二的才能。其方法之巧妙，頗具盛名。就連法治的日本社會，其華人的巨額逃漏稅事件（尤其是遺產稅）也層出不窮，甚至流行逃亡到國外來避稅。

至於華僑只專心經商、政治中立的說法，根本是對華僑實際狀況沒有研究的錯覺。的確，對介入政治沒有興趣是一般華僑的心聲，但是一旦功成名就後，就跟政治扯在一起

了。不是有句話說「華僑爲中國革命之母」嗎？其實在政治立場上，有很多華僑都是被迫「二擇一」的。

尤其是從二次大戰後半世紀以來，世界各地的華僑，不論他的出生地是何處，若不是被列入「國民黨派」，就是被列入「共產黨派」；總是這種立場二分法。當然，也有爲了自己利益，遊走在兩派之間的。

中國共產黨在文革期間，曾經強烈譴責「華僑是引入西方資產階級文化禍害的元凶，是中國的敵人」。然而改革開放後，全面改稱所有華僑、華人是「炎黃子孫」，目的是想將華僑、華人全部納爲中國人而已。

在中國人、華人的經商手法中，進行與政治有關的工作是不可缺的秘密手段之一，公司從下到上都擅長開拓政治人脈。

對於需要特別許可，或超出經濟手腕經商的，更必須在政治界苦下一番功夫。

的確，要在人治的社會中做生意，經營政界人脈是必要的，可是，如果想要在日本社會也

使用同樣手段，應該無法順利如願。

在日本華僑之中，常常可以看到和日本歷屆總理都有不錯關係的，或在每次選舉中捐贈政治獻金的；還有，在個人公司牆壁上，都總是掛著和總理一起合拍的照片、感謝狀、賀年卡之類的東西。然而，在日本社會裡，想要以和政界關係良好的手法來經營事業，其實是很難發揮的，更不會因此成為大企業家。

大中華經濟圈的幻想

吉野作造早在二十世紀初就說過：「如果從我們日本人的活動中，抽去國家支援背景時，我懷疑我們是否有能力和中國人競爭。」（《東方時論》一九一八年一月號）也就是說日本人如果沒有了國家支援，和中國人競爭能否取勝？是一個很大的疑問。在目前日本人心中，存有這種看法的，為數不少。

中國企業與其說得到國家支援，還不如說被

國家搾取比較恰當，因為幾乎都被「中國頭箍」夾得死死。所以，中國人不信任自己的國家，總是嘗試脫離國家到其他地方。即使到現在，中國人的人生最大目標還是和以前一樣：離開中國，移民海外。

現代中國人想要飛黃騰達，一般來說有四條路。

　　黑路：求取學位。

　　紅路：加入共產黨，成為公務員。

　　黃路：經商。

　　綠路：移居國外。

「四路」之中以綠路最有人氣。但是，不論要從陸路、海路或空路離開中國，都必須要有龐大的資金，因此「人蛇集團」的活動就非常活躍了。

想要從中國出走的，以「六四天安門事件」後鄧小平的警告最為人知。

「如果西方繼續對中國經濟制裁，不但造成中國社會混亂，而且將會有數百萬中國人流亡到泰國，一千萬人流亡到馬來西亞、新

加坡，西方國家必須負起造成這些後果的責任。」

一九九一年八月，莫斯科保守派發起政變失敗後，北京廣播再次恫嚇西方國家，「中國如果實行私有化政策的話，將會有一億人失業，其中將有一千萬人會流亡海外……」強調了中國社會主義的必要性。

戰亂與饑荒的中國流民

根據香港華文刊物《亞洲週刊》（一九九三年一月十七日）報導：「從一九八三年以來，十年間，美國聯邦移民局一共取締了從中國來的非法移民達十萬八千九百人。」也有人估計，這十年來非法入境美國的實際人數約為四、五十萬人。

日本媒體也報導從九○年代後期，以每年約有五十萬人的巨大中國盲流（指未經政府許可而任意遷移住所的人）流入西伯利亞。

　　當然，如今在世界各地生活的華僑或華人，最主要是源自十九世紀以來，從中國戰亂與饑荒中出走的中國子孫。特別是二次大戰後東南亞民族主義的興起，華人和居住國的居民形成民族對立，甚至引發中越戰爭。華僑最多的東南亞，不僅中國話被禁，印尼也在最近因為蘇卡諾政權瓦解，開始禁止「華文」書籍。

　　九〇年代以來，因華僑資本對中國的投資，不僅造成東南亞國家資金外流，甚至還被視為背叛、出賣當地人，以致和居住國產生更緊張、對立的情況。

　　華僑們通常在出國後，當事業有所成就時，就會招喚國內的親朋好友移民到居住地，接著就是招喚同鄉以穩固地盤，擴大勢力範圍。

　　華人也常組織如同鄉會、宗親會等團體，大家都認為血緣、地緣的約束力最有力量，其實不然。

　　宗親會、同鄉會，或像「洪門」這種秘密組織，終究也只是大夥兒在外地必須互相照應而組織的一種團體。

　　外人以為他們之間有很強的向心力，但只要牽涉到個人「利益」時，即使血緣相同也會反目成仇。所以，中國人與日本人不同，共同出資的合夥事業，到最後幾乎都失敗。

　　中國人雖然常被認為沒有能力，總是供人使喚，但一旦學會做生意的方法後，馬上就獨立創設自己的公司。由這點來看，的確是創業的企圖心高過他人。

　　因此，很多華人企業都不斷地分家，很少能茁壯成為日本那種大企業。

　　華僑、華人的企業成功者，大都是血緣家族所經營，經過一代努力而有所成。例如，印尼林紹良、泰國陳弼臣、香港包玉剛、李嘉誠等人。

　　然而，物換星移。獨資創業者所率領的血緣集團，隨著創立者的老化、退休，其統整企業組織的意志和奮鬥精神逐漸喪失，已經有些企業開始面臨危機，也無法和歐美日的跨國企業相抗衡。

　　不僅如此，華僑社會還要面臨新興的民族主

義和地域主義的威脅。

按照最近的推算，中國華僑總數約有二千八百萬人，其中四分之三已經傳衍至第二代或第三代。而擁有「中華民國」或「中華人民共和國」國籍的華僑，約有三百萬人。

三百萬中國華僑以外的華人或華裔，早就取得居住國的國籍，在法律上已經不是中國人，而是外國人了。

在現今國際社會，任何國家對中國護照的持有人存有戒心，常表示不歡迎，因而不易取得他國的簽證。為此，很多持有中國籍的華僑花費巨額金錢，購買多明尼加或宏都拉斯等中南美國家護照，或是購買「中華民國」（台灣）的護照，千方百計想成為外國人。

筆者敢斷言，不用多久，華僑就會從地球上消失；現在居住國外的第二代、第三代華人將同化為居住國的住民。

有論者給予華僑經濟能力過大的評價，認為可以形成「大中華經濟圈」。但不論從財力、資本，或對世界經濟的貢獻、科學人才輩

出等等方面來看，華僑根本無法和影響全世界
經濟的猶太人相比。

　　既然無法像猶太人創造出影響世界動脈的
「大猶太人經濟圈」，那麼再宣傳「大中華經
濟圈」，也只不過是空口白話，是永遠不可能
實現的幻想。

第四章

中國人的

價值觀

中國人無法從儒家思想中釋放出來

影響中國人價值觀最厲害的，莫過於儒家思想，其次是道教或佛教思想。儒家思想影響中國人表面的言行，道教或佛教思想則深植於中國人的深層意識中。

所以，不論地方士紳、農、工、商，表面上都是以儒家的價值觀（道德的價值觀）做為社會規範的主流。例如《論語》或《孟子》之類的四書五經，無論哪一頁的內容，都是討論社會、政治的價值以及道德規範。總之，都是勸善懲惡的話題。

治民之道，孔子主張以德，孟子主張以仁，荀子主張以法。

這些全都是儒家的價值觀與道德規範，用聖王統治的方法治理國家。

中國是泛道德主義的社會，任何言行都會牽扯到「道德」。所有的一切並非發自於「理

性」，而是以「道德」來論斷。

例如，政治方面，倡導有別於德治主義的經濟利益、救貧政策、敬老尊賢……等等道德，並以文學勸善懲惡，幾乎都是以道德準則來論定善惡行為，道德價值成為所有人類活動的規範，超越了所有的價值。

如果以真、善、美、聖等四個價值意識來解釋各民族的價值觀，西洋人重視真，因而科學技術進步。印度人注重聖，因而宗教觀念深厚。中國人注重善，因而倫理價值就成了社會的規範。

雖然日本自古以來就深受中華文化的影響，但是日本人重視美的價值更甚於道德價值。

如國學家本居宣長曾說，日本的「和歌」文學比道德有更高的價值，那是自神代以來的風俗禮儀，和倫理道德無關。

這對於受到泛道德價值意識支配的中國人而言，絕對無法體會其中的價值與意涵。

國民性與價值觀兩者之間總是深刻的互相影響，歷史傳統、文化環境和國民性創造了每一

個人的價值觀，而這個價值觀又和歷史文化傳統塑造了國民性。

中國人大都膜拜天地山川之神，禮拜祖先、重視家庭、強調道德、遵守習俗以及尊敬知識份子等等，然而，仕紳與庶民之間的價值觀仍有極大差異。

仕紳喜歡高談闊論宇宙、天下、國家的大道理；一般庶民則對國家天下不感興趣，也沒什麼能力可以談論。對於自然界、社會的變化，只能無奈地以「沒法子」來對應，相信一切都是命運造成。

例如諺語常說：「運去金成鐵，時來鐵是金。」或：「萬事命已定，浮生空自忙。」不然就是：「知少則災少，知多是非多。」還有如「君子安貧，達人知命」、「命中有時終須有，命中無時莫強求」、「貧窮多自在，富貴多憂愁」等等。

總之，中國從兩千年前至今，仍無法從儒家思想的桎梏中釋放出來。

中國人對天的崇拜從周朝就開始了。

不論仕紳或農工商階級，大都會拜天、拜祖先，在安身知命的價值觀底下安心立命，度過一生。

道家與法家最初的思想，並沒有將「天」神格化。但是不久後，道教與佛教都強調對天的崇拜。受此影響，中國知識份子和一般民眾都以「天」為權威象徵而開始膜拜。相信天命、天道，從此人道開始服從於天道。

中國歷代的英雄豪傑反抗朝廷時，經常打著「替天行道」（代天討伐不義）的口號來集結民眾。

直到近代，在西風東漸的影響下，掀起對中國傳統文化的自省，陸續有近代技術的洋務運動、政治制度的維新運動、思想文化的五四運動等等改革運動。

這些運動對於中國人傳統的宇宙世界觀、自然觀以及人生觀給了很大的衝擊。

例如，中國人至今，「功名利祿」的觀念仍然很重，總認為科學技術只不過是「雕蟲小技」。但是，在受到西方大砲攻擊的震撼

下，中國開始接受科學技術來富國強兵。

中國人受到西洋近代科學技術和文化的影響，一向抱持「聽天由命」的思想逐漸改變，開始興起了開發自然、改革社會環境的思想。

更因為接受自由、平等、民主的觀念，中國人由過去所遵循的傳統或依賴的權威，轉變成個人主義的自覺和生活模式的改變。

中國人的「忠」與「孝」

中國人的家庭倫理道德以「孝」最重要，所以有「百善孝為先」的說法。「孝」為第一，「忠」則是「孝」的延伸，因而有「忠臣出孝門」之說。

不過，日本人的「孝」，與其說是對父母，不如說是對「家」來得恰當。日本人的「孝」，其實比較接近中國人的「忠」。

當然，中國也有最強調「忠」的時代，那就

是「文革時期」。紅衛兵所強調的「三忠運動」，就是對毛主席、毛主席思想以及毛主席路線的絕對忠誠。還有「不要神，只要毛主席」的造神運動。

中國自漢朝以後，一直闡揚與強調「忠」的重要性，但並沒有成功。儒家則一如往昔，獎勵最高道德的「孝」，並且將「孝」的倫理推及君主身上，再轉成「忠」。自孔子以來，「孝」一直被儒教遵從為中心思想，並以《孝經》為中心。到了唐朝，才出現「忠經」之說。

中華民國成立後，學習西歐國家，創立民法。但是，民法的創立對傳統倫理打擊最大。因為，一直以來由儒家訂定的各種家族倫理道德，除了在民法對直系血親有特別的規定外，其他的家族規定一律取消。從漢朝以來，以儒家思想為基礎的家族主義之所以瓦解，主因就是源自於此。

胡適曾說這種中國社會的根本大改革，是中國現代史「不流一滴血的社會大革命」。這種

不流血的革命，讓儒家思想再也無法擁有以前的地位了。

中國人的家族倫理

中國的佛教哲學家、教育家梁漱溟最引以為傲的就是「中國人口數量」，光一個姓氏的總人數就可匹敵歐洲國家任何一個民族。

雖然我們不清楚明確的統計數字，但從俗語「陳林李蔡，天下佔一半」的說法來看，十二億人口中，單單「陳林李蔡」中某個姓氏的人口就遠超過一億了。豈止歐洲小國家人口沒有這種人口數，甚至日本的總人口數也只相當於中國李氏人數。

海外同姓宗親會之所以創立，其初衷都認為「五百年前是一家」。李氏、林氏等等宗親會就是集結同姓氏的人，每年定期召開世界大會。當然，在李氏宗親會裡，前中國首相李鵬、前台灣總統李登輝、前新加坡總理李光

耀……等等，都屬於其中一員。

在日本，幾乎沒有這種以姓氏爲同族意識的觀念，我們從沒聽過有所謂鈴木宗親會或佐藤宗親會之類。

不論任何民族，都是以家庭組織爲民族文化的核心，所以，最能代表傳統文化特色的，應該是家庭組織或家庭文化吧！

中國的國家起源從家族產生，因此才有「國家」之稱呼。在古代，家族和宗教是國家的核心，連中國歷代王朝也都是一家姓的結構，因此又稱「家天下」。

中國人的倫理道德終究還是以家族、宗親爲本位，即使再怎麼砥礪道德修養，也止於服從小集團的規範，對於家族、宗親以外的人，仍抱持敵對的態度。不僅如此，中國人因爲對血緣、地緣有強烈的集團意識，因此，一旦個人功成名就，即被當成家族的大事，而舉凡參與社會、政治、經濟等活動，也都是集團不可缺的部分。

從血緣和地緣社會層面來看，中國與日本

有相同的大家族制度，不過，差異的部分也不少。如中國就沒有「家紋」或「家元」制度，而日本也沒有中國那種「宗親」的存在。

中國人因為有宗親倫理，所以有宗祠；只是，中國人的祭拜祖先，絕對不同於日本人的祭祀氏神。

中國諺語說：「一人得道，九祖昇天。」或說：「一人得道，雞犬昇天。」另外還有「一人犯罪，株連九族」之說，全都把一家族做為一個個體考量，意味著家族成員之間具有相互關聯性，而家族是一體性的。

中國大家族的傳統是幾個世代同居在一個「四合院」的宅邸裡。但是二十世紀以後，三代同堂的情形已經逐漸瓦解了。

日本在明治維新以後，朝向國民現代化、國家西方化邁進，尤其是二次大戰後，核心家族化的演進使生活文化起了相當大的變化。

中國的病根是：有傳統家庭制度，卻提倡要瓦解家庭制度。

二十世紀以後，在西風東漸的影響下，中國家族、宗親制度已不復從前，但家庭仍然是最後、最堅強的堡壘。

毛澤東曾說中國的僱農有九十九％沒有結婚，貧農佔三十％。

在中國，貧農階級已有很長的歷史了。從人口比率來看，中國男人約比女人多出一成左右，那是因為在男尊女卑的傳統社會裡，剛出生的女嬰常會被殺害，所以很多男性無法結婚，而現今的中國農村仍存在著買賣婚姻的現象。

本來，家族應是倫理最後的防衛堡壘，現今卻也出現危機。那就是為克服人口過剩而不得不實施「獨子政策」。獨子政策帶給中國傳統家族解體的危機。

新人類的獨子，除了父母以外，還有內、外祖父母四人疼愛著，等於是四位祖父母寵愛著一位「小皇帝」。這給社會帶來很大的精神變化。

還有，由於一個世代只有一個孩子，如此一

來，除了直系血親以外，沒有別人；叔父嬸嬸、舅父舅媽等將成為歷史名詞，也不會有兄弟姊妹、外甥姪兒和堂表兄弟姊妹了。這必然給引以為傲的中國傳統家庭倫理帶來重大革命。

　獨子政策若持續進行的話，二十一世紀的中國將成為老人化國家，少子化的結果，家庭獨子將負起照顧眾多年長者的責任。這些不知世事的新人類，可以承擔得起這樣的責任嗎？

　中國日益成長的新人類所帶來傳統家庭組織的瓦解和文化變樣，是中國史上不曾有過的最大的人類革命，也是另類的文化大革命。

中國人的雙重人格

　「禮、義、廉、恥」這「四維」是由《管子》一書率先提出的，不久被儒家採納，從此成為儒家思想所標榜的道德科目。漢朝董仲舒提出以儒教為國教的主張，舉出「仁、義、

禮、智、信」五種道德綱目，還將「忠、
孝、仁、愛、信、義、和、平」的道德觀納
入，變成「八德」。

日本聖德太子在引入中國倫理思想時，認爲
「仁義禮智信」中的「仁」與日本的風俗民情
並不符合，因此以「和」取代了「仁」，而成
「和義禮智信」，以此爲五倫、五常。這可是
先見之明。

中國至春秋時代爲止，一直以「禮」爲道德
中心，「禮」甚至超越了法的社會規範。到了
漢朝，儒教成爲國教之後，「仁」才成爲道德
核心。

中國有句俗諺：「錢財如糞土，仁義値千
金。」但是，中國人會把道德仁義與金錢來相
互衡量價値，就表示中國人根本不懂仁義到底
爲何物。也因此，中國人在背離仁義的本意
下，形成了雙重人格。

《論語》一共有二十章，只有四章除外，
全部都是談論「仁」；在〈里仁〉這章，共
提了十六次「仁」，全書共有八十九次談到

「仁」。

　　那麼，中國兩千年來一再傳誦的「仁」，到底是什麼？「仁」的概念雖然是由儒教的孔子所創，但是孔子並沒有給「仁」清楚的定義。孔子只是一再強調要以「仁」為行為的出發點；對於「仁」到底是什麼，身為教主的孔子一下子這麼說，一下子又那麼說，弄得弟子們滿腹狐疑。弟子們只好一再請求解釋，當再次請教為什麼說法不同時，孔子也只以「仁」通於忠，也通於孝帶過。這些道德之間的確有共通性；但是，為何會如此解釋？仍是讓人不得其解。

　　因此，為了解釋「仁」，兩千年來，中國知識份子窮其畢生精力研究「仁」，解說「仁」，「仁學」頗為盛行。然而，「仁」到底是什麼？仍是「見仁見智」；也就是說，每個人都有獨斷的見解。

　　如果說個人武斷的見解就可以解釋「仁」的話，那麼，也可任意按照個人的好惡來解釋「仁」，這完全是合宜的，更達到了主觀的仁

德論。

所以，警察和小偷的「仁」各自不同。小偷的「仁」雖然不符合警察所實踐的「仁」，但「強盜也有三分理」。莊子不也曾說過「盜亦有道」嗎？

中國人對「仁」的氾濫、錯亂、混用，讓道學之祖老子在春秋時代就已經「棄仁絕義」了，老子主張捨棄「仁義」，斷絕「仁義」。

沒有道德心的中國人

《三國演義》中有一個重要人物叫曹操，他採用人才是一反傳統的。在漢武帝以後，儒家思想成為國教，有德者成為出仕的條件。如果是孝子，其名聲遠播鄉里，馬上就可被推舉進入仕途。但是到了三國時代，用倫理標準選用人才的方式，已經不符合當時的社會環境了。

　　所以，《魏武帝集》寫著：曹操以「即使不
仁不孝卻有治國用兵之術者」為採用人才的前
提。

　　如果要聘用有德者，不只審核的標準難以訂
定，連技術層面都很困難。因此隋唐之後，為
延攬賢能之士而創立了科舉制度。

　　時至今日，儒家思想仍受到兩個價值意識的
影響。一個是自古以來的君子與小人、士大夫
與庶民、統治者與被統治者階級，彼此間有
不同的價值觀和倫理規範。另一個是家族意
識，也就是由宗親、氏族血緣集團所結合的家
庭倫理規範。

　　因此，儒家思想的倫理規範由統治者、父權
和權威所建立。所以，儒家不只強調五倫，還
倡導親疏差別、階級差別的倫理。

　　宗親或家族以外的其他份子，終究在這個
倫理規範之外，所以，不提倡墨子所說的
「博愛」，只提倡圈內份子彼此之間的愛：
「仁」，這是因為家族與宗親倫理無法涵蓋那
些圈外份子。

不論如何，不少日本文化界人士還是認為這個遠在兩千年前就誕生孔子與孟子的國家，即使經過共產革命洗禮，儒教教條如孔孟的誠實、溫和、禮讓之心是不可能從人民心中消失的。然而，與其討論那些不合常理的論說，不如看看誕生孔子、亞里斯多德、佛陀、耶穌、穆罕默德……等等人物的古文明國家現況，不就一目瞭然了嗎？

即使中國兩千年來不得不宣示仁義道德是社會的基礎，並努力推行仁義道德做為社會規範，強調仁義道德的必要性，但中國人卻還無法真正蘊育出誠實、溫和、禮讓的心。

對圈外人冷漠無情的中國人

中國人彼此之間的感情，並不像日本的「人情義理」一樣。中國人只有「人情」，因為義理已被人情消滅掉了。中國的人情比日本更加具體，範圍只侷限於「圈內」份子。

中國人所謂的「人情」，是以人與人之間的關係來彼此交換社會資源。為了維護這種人際關係，彼此之間會相互贈禮、救濟和幫助。

中根千枝曾說日本的社會是直向型的社會結構，歐美的社會則是橫向型的社會結構。

而中國是橫向型的社會，不過也有人認為中國是「拉關係」的社會。中國社會比日本社會有更長久的父權支配傳統，如「長幼有序」，就是將道德規範延伸到家族之中。所以，中國社會比日本更具橫向型結構的特徵。

米山俊直在《日本人的共同意識》（一九七六年）一書中對中根千枝的理論抱持懷疑，米山俊直認為：由於地域和階級的差別，東京是直向型社會，關西地區則是橫向型社會。

福澤諭吉曾說日本人重內而忽視外人，認為「愉快只是一家之內的事」。雖然中根千枝曾說日本人對於「自己」與「外人」分得很清楚，事實上，中國人對於「圈內」與「圈

外」分得更清楚，內外的意識絕對超過日本人。

　　日本社會雖有學派、門派之分，但不是一個「拉關係的社會」。不過我們也不能說日本人毫無利用關係，他們的「拉關係」是在一種理所當然的情況下才有的。

　　相反的，中國則是一個沒有「拉關係」就無法運作的社會。現今很盛行一種叫做「關係學」的「學問」。只要有機會，一有「關係」，馬上就運用。例如，到銀行存錢，到外資公司上班，到國外留學等等，都用得上。

　　有一對日本老夫婦到中國觀光旅行，途中遇到一位中國青年，這位青年馬上請求這對素昧平生的老夫婦當他留學日本的保證人，之後，還介紹了好幾位朋友，請他們為他的朋友再當保證人。

　　日本有句話說：「萍水相逢卻是前世因緣。」但是，這個從血緣、地緣，到見面之緣都充分利用的中國青年，無論怎麼說都令人感到訝異，這種「人際關係」的大學問，不僅處

世之道有術，也是中國人強韌生命力的泉源吧！

中國人將圈內人和圈外人分得很清楚，並打造了銅牆鐵壁般的界線。為了突破這個界線，中國目前正盛行著「關係學」。關係學最簡單的定義：就是一套「拉關係」、「走後門」的學問。

中國人為了「走後門」，把人分為「有利害關係」和「沒利害關係」兩種人。不僅對「沒利害關係」的人非常冷淡，甚至還有敵意；但是，如果是和自己「有利害關係」的人，馬上變成一個充滿人情味、待人接物鞠躬盡瘁的人。

當然日本也有「福事請入內，惡事留在外」的想法，只是像中國人這種對待「沒利害關係」的人的態度，絕對不是日本人可以接受的。

關係是有親疏之分的。最重要的當然是血緣關係。血緣關係是三代直系血親的核心，而由婚姻所結成的則是次要的關係。

　　中國人要「拉關係」時，會先透過友人，再逐一網羅和友人有血緣關係的人。之後是地緣關係，也就是同鄉、同學、同事和同宗諸關係。

　　中國並不是一個同質社會，很多地區的語言、生活、文化都不同。如果不明確表明立場，就可能帶來某些損失，尤其是在競爭或可能產生敵意的時候，說話可不能含糊。

　　更極端時，對於不認識的人，不論什麼都一律以「不知道」、「沒有」，明白地拒絕對方。因為外人不在儒家主張的倫理規範之內，所以可以冷淡對待。

中國人「讀書」只為出人頭地

　　《古文真寶》卷一的開頭，就是宋真宗所著的〈勸學文〉：

　　　富家不用買良田，

書中自有千鐘粟。

安居不用架高堂，

書中自有黃金屋。

出門莫恨無人隨，

書中車馬多如簇。

娶妻莫恨無良媒，

書中自有顏如玉。

男兒欲遂平生志，

六經勤向窗前讀。

〈勸學文〉真是歌頌讀書主義的代表作。

中國人的知識來源，大概從牙牙學語的幼兒時就開始背誦「四書五經」（大學、中庸、論語、孟子、易經、書經、詩經、禮記、春秋），一共四十三萬餘字，全部用背誦的。接下來開始閱讀比四書五經更多的注釋文章，並練習寫作。若不如此，很難在科舉中考取功名。所以，不得不耗其一生在讀書上，也因此上演了許多人生悲喜劇。

儒家的「讀書主義」就是「萬般皆下品，唯

有讀書高」的傳統價值觀。社會主義中國成立後也一如往昔，追求「地位」更甚於追求「金錢」。當然，有了地位就有「權力」。並非「權」和「錢」同音，而是有了「權」自然就可以有「錢」，所以，地位的價值高於金錢，「權力」是雞，「金錢」是蛋。

但是，中國改革開放後，一向被認為社會地位較高的學者、老師，以及國家公務員等階級的薪水卻比勞動者、計程車司機、攤販等等所領的還要少，這種情形使原來的輕商主義逐漸改變，原先瞧不起商人的社會風氣，轉變成對商人有極高評價，追求金錢和自由的青少年人越來越多。

在筆者的學生時代，學校不遺餘力告訴學生生存的價值，教我們做學問的目的要如同孫文所說的「不要做大官，立志做大事」。

中國的傳統教育就是讀書主義，知識份子的最終目的就是要在科舉中出人頭地，擔任官職。孫文卻唱反調，勸人要做大事，不要做「大官」。其實，就算不做「大官」，只

做「大事」，還是離不開「大」，只是「大事」和「大官」的差別而已，本質上沒什麼改變。

不論中國人、台灣人或朝鮮人，從小就被教育要成為做「大事」的偉人。這是從中國傳統思想而來的。如果問日本小孩子你將來要做什麼？他會回答你：司機、廚師、老師……等等一些「小事」，這樣的回答一定會讓很多中國人大吃一驚吧！當然，也不是說日本小孩沒有想成為首相、部長之類的，只不過一般日本小孩子的回答是很平凡的，這絕不是中國人認為的一種異類想法。

如果說日本小孩有偉大志向的話，頂多只是像克拉克博士所說的「Boys Be Ambitious!」的程度吧！（注：克拉克博士為日本北海道札幌農業學校（現今的北海道大學）的創立者。一般人常用他的名言：「Boys Be Ambitious!」（青年應胸懷志向）來鼓勵青少年努力向上。他所說的志向，亦包含「夢想」、「目標」之意。）

「物之哀」與「憧憬中國之心」

如果要舉出日本獨特又具代表性的文化，應該是「物之哀」。

根據本居宣長（江戶時代的學者）的主張，應該以和歌或故事的本質「物之哀」來揭發過去儒教道德教條的虛妄性，其作品本意應該是吐露人類真情才對。

相較於支配性倫理觀、人世觀的「憧憬中國之心」，他還認為，日本人所流露的是從神代以來的「清淨明朗之心」、「大和心」以及「真心」。並相對於武士、儒者的倫理，他提倡町人（江戶時代的一種人民稱呼）、庶民的真實。

幕府末期，在以「記紀」（《古事記》和《日本書記》的簡稱）為主的古傳說和信仰裡，引導出皇國主義的國體觀，從「現人神」（天皇之別稱）統治的「神國」，日本提出尊王攘夷

的思想，而本居宣長正是這種日本主義的始
祖。

「物之哀」是由「對象」（物）與「感情」
（哀）兩個元素所結合的，由對象引導出感
情的動向，對象與感情彼此間產生密切的關
係。

「感情」（哀）原本是用語言來表示的，所
融合的愛情、美的意識、悲哀感，比單純的
喜怒哀樂更有反省、靜觀的複雜性格。「物之
哀」有沉穩的人類本性，由理性與感情調和而
生，以優美纖細來沉潛情趣氣氛。

「物之哀」這句話，首次出現於《土佐日
記》，之後《大和物語》、《枕草子》等都
大量使用。十世紀中葉，平安朝中期也有使
用，《源氏物語》裡就可看到十二個例子，書
中解析了人類深刻的情感。

「物之哀」是在說明「深奧」、「真心」、
「閑靜」、「空寂」等思想，代表了各個時代
的美感意識，其感情更是相互關聯，存在於
日本文藝與文化的底層深處。與其他感情相

比，更具深沉的人類基本情感。

　　根據本居宣長在《紫文要領》與《源氏物語玉之小櫛》（《源氏物語》的注釋書）中的說法，「物之哀」是人類被自然界或人世間的諸相所引發的感情。在理解世事之後，「物之哀」更合乎人性，以純真來催化既誠摯又溫柔的情感，這樣的涵意讓識別事物的能力得以具備，更在通達世態人情後有所得。

　　傳說故事也是這麼自然地將人類情感真實表現出來，所以不像儒教、佛教那樣「勸善懲惡」或「教規戒律」。文藝不是道德或宗教的工具，更不含任何政治主義。

　　本居宣長所指出的「物之哀」是「由內心深處對所見之物、所聽之事、所觸之處發出讚嘆之音」，凡事都有一份感動的心。甚至比感動還多一份靜寂感與悲哀感、愛情與同情、無常觀與諦觀，以及美的意識等等情感。

　　然後，由「對象」所引發的「哀」則顯露出優美柔和、纖細脆弱、頹敗墮落，以及飄渺虛無。

中國文化，不論是倫理或學說，最終還是在於政治，所有的一切都以服務政治爲目的，而日本文化則是「物之哀」，或「閑靜」，或「空寂」。

中國人看到植物時，第一個念頭只想到：「可以吃嗎？」或「可以用嗎？」而日本人除了想到樹的靈氣之外，還能對新芽之美及落葉領悟出空寂閑靜的優雅情趣。

「物之哀」含有哀悼的情趣，對事物的關愛、自然的融合、心情的抑制、近乎靜觀、諦觀等等的共同感，是像女性般地又帶有感情主義。

當然，中國也是有如詩如畫般的文句。但是，絕對不像日本有這麼豐富的情感語言。日本人彼此間對於人類人情抱持著同理心，又或許是一份共同感彼此連繫著義理人情，偶爾還會容許反道德的事情發生。而中國人是不可能對「反道德的事」產生共鳴的。

「物之哀」將日本中世文學的理念與類型眞誠且奧深地永遠保存下來，已經成爲日本人的

傳統情感了。

日本文化的特色除了「物之哀」之外，還有
「閑靜」、「空寂」。

在今日，「閑靜」與「空寂」已經被視為同
一形式美的理念：遠離世俗，趨向閒淡、枯
寂，不論哪時候，這些都是代表日本的美學觀
點。

「空寂」不只是松尾芭蕉用來表現俳句的
文雅風格，更與「華麗、不成熟、淺薄、卑
俗、新、喧嘩」等概念相反，還用來表現
「閑寂、枯淡、老成、古老、穩重」等意
境。它是由佛教的無常觀所引伸出來的幽玄深
奧的美感；是一種宗教的悟道，也是一種風景
觀與世界觀。

「空寂」之心是不取外境，不追求物質的極
致思想，它遠離得失利害，覺悟人生無常，更
照見事物的本質。「空寂」之心是以佛教的認
識論為母體，捨棄俗世間虛華不實的價值觀與
審美觀。

千利休（日本茶道大師）所強調的茶道根本精

神，就是「閑靜」的理念。千利休從日常生活既有的秩序或價值觀解放出來，在物質貧困之中追求豐富的精神生活，創造出簡素靜寂的茶道：佗茶。千利休以極致的佗茶完成了茶道。

「空寂」是描寫心情的狀態，而「閑靜」大多融於生活的狀態。由現實或貧困的生活中尋找美的精神，品嚐沉著穩重的心境。

「閑靜」在與餘韻之美共存的同時，還包含壯美與優雅的複合之美，這一點與「深奧」或「空寂」有共通之處。只是，「閑靜」有抑制之美，雖有閑寂之趣，但更有「和敬清寂」的生活之美。

俳句詩人松尾芭蕉在《俳諧一葉集》裡以「月をわび、身をわび、拙きをわびて、わぶとこたへむとすれど、問（とふ）人もなし。なをわびわびて」開頭，吟唱著「わびすてめ月佗齋がなら茶歌」。（大意：望著月亮，想著自己的無能，我品嚐著閑寂。回顧過去的懷才不遇，我品嚐著閑寂。如果有人問我安好否？我會像「在原

行平」的歌一樣，回答著：我安住於閑寂。然而，卻無人問我是否安好？爲此，我更是品嚐著，品嚐著閑寂。我（芭蕉）望著安住於閑寂的清澄之月，一邊歌誦著自己那笨拙的俳句，內心滿足於眼前的奈良茶飯。）

松尾芭蕉就如同他自己寫的句子，「甘於行腳與草屋的窮困生活」，透過「閑靜」生活的實踐，產生了獨特的芭蕉俳諧。

中國的文學以道學爲目的而成立，勸善懲惡成了文學的使命。爲此，當描述到愛情或性之時，多半就是悲劇的開始，幾乎都是描述不幸的開端。《紅樓夢》不也是如此嗎？

本居宣長在談論「物之哀」時說中國的詩是「情之深密不足顯，花言巧語妝門面」。他指出妝點門面的中國文學與日本文學的不同，甚至指出中國文學已經離開了人之常情或人的本性了。

中國傳統讀書人以強記、暗背「四書五經」爲最大目標，視書寫天下國家之文章爲正職，詩、詞、歌、賦、畫都只是閒暇的娛樂而

已。

所謂「文學藝術」只不過是失意文人的乖僻作品，如司馬遷被處宮刑（去勢之刑）後寫的《史記》。在中國被稱爲著名小說的，大部分都是科舉考試落榜之人所寫的，因此無法成爲「大說」，只在「小說」的階段而已。

民間故事、民謠、建築、壁畫之類的作品，常常被歸類到讀書人所瞧不起的「下品」民間藝術。

第五章

大中國的

優越意識

自我中心的「中華思想」

每當談到中國人或日本人意識時，最獨特又具代表性的民族意識或國民意識，應該是「中華思想」與「大和魂」。

中華思想是中國人意識的象徵，是以自己國家或自我本位所凝聚的意識。所以他們自稱為「中國人」。

其實，所謂「中國」一詞的語意是世界中心之國的意思，因此也稱中土、中原。

中國的古書「尚書」最先使用到「京師」一詞，也就是首都之意。之後，伴隨著中華文明的發展與擴大，到了漢朝，「中國」一語所指的是從黃河到長江流域的廣大地域了。

依照中國的思考方式，中國是天下的中心。當然它不是指物理學或幾何學地圖上的中心，而是泛指天下的中心，是天下與政治的中心；它當然更不是空間的物理中心，而是精神

的、文化的中心。這兩大中心意識的根基理論就是源自華夷二元論。

所謂「華」，指的是文化先進的地域。「華」的東方是「夷」，北方是「狄」，西方是「戎」，南方是「蠻」。以「華」爲天下的中心，其他四方的「夷」則以「華」爲中心，環繞成一個同心圓。在這些夷狄地區，居住著受中華文明恩惠的野蠻人。與「華」的中心距離愈遠，文化就愈落後、愈野蠻。

現在，世界已經轉變成二極構造、三極構造，甚至多極構造的狀態，但中國的思考方式仍是以中華中心的一極構造在移動。也因爲基於如此想法，不論是誰，都還得存著參拜北京的觀念來和中國進行外交關係。

就如日本天皇訪問中國時，不論日本釋出了多少善意，對中國人而言，仍認爲這只不過是東夷日本國王到中國來朝貢而已。

這種自我中心主義的思考，在文革期間也曾出現象徵性的語言表現。

「偉大的領導者毛澤東主席不僅是七億中國

人民心中的太陽，更是全世界革命人民心中的太陽。毛澤東主席的思想不僅是中國的百科全書，更是世界革命的百科全書。」

不只是中國，甚至是全世界！也就是說，毛澤東不只是中國的太陽，更是全人類的太陽，這種想法被認爲是理所當然的。因此，中國是世界革命的中心基地，是政治、軍事的中心，是技術的中心，也是世界革命的兵器重地。

毛澤東親自指定的接班人華國鋒也曾說過：「毛澤東思想的實現是我共產黨和中國人民團結奮鬥的目標，不只是連續革命的目標，更是國際的共同財產。」

相對於中國人的本國中心、自我中心的思想，日本人總是抱著相對的、對極的思想。

日本人雖然以「神國」稱自己的國家，但並無任何本國中心的思想。頂多只是在聖德太子時代，自稱「日出之國」以對應隋唐的「日落之國」，或是抱有「天竺、震旦、本朝」的三極構造世界觀，僅此而已。

雖然「八紘一宇」思想曾經風靡日本，但也不認為自己的國家是天下的中心。理想之國常在西方。這是日本人與中國人天下意識的差異之處。（注：「八紘一宇」是二次世界大戰時，日本將軍事侵略世界各國的行動正當化的口號。）

自負又自大的「中華意識」

中國人的優越意識源自於春秋戰國時代，到了秦、漢時期，中華帝國的建立讓中華思想更見成熟與定型。

中國人以中原之民自居，自稱中華、華夏、中國；將周遭的民族視為夷狄，夷狄之地視為化外之地。其強烈的自負、自信與矜持，堪稱中華意識的結晶。

中華意識與古代諸文明中的優越意識的最大差異是「霸道政治」和「王道政治」。它並非「民道政治」。羅馬帝國根據萬民法創立羅馬世界；在中國，王者是以天子自居，代天行

其「德政」，普及四方，連偏遠的夷狄也一樣，「無遠弗屆」！也就是天下皆臣服於我中國，這就是「王道政治」。

鑒於四方夷狄臣服於極優秀的中華之國的天子，相繼來朝貢，中國人開始思考要將這些遵從中華禮儀的夷狄加以中國化（華化），讓夷狄成為中國的一部分。

其實在漢代，就有遠自西方的最邊界國：「大秦」（羅馬）來中國朝貢，也有來自遠方的東海之倭的女王。

華與夷的區分基準不是以血統論、人類與動物的差異，而是以道德的有無，尤其是禮儀的有無來區別。也以習俗與制度的差異，文化的優劣做為華夷的區分標準。

只要遵從中國的禮儀，接受中華文化，夷狄的差別就會被取消，就會被納為中國的一份子。周朝的西戎、春秋時代的秦都是明顯的例子，戰國時代楚國也是以如此的形式成為中國的一部分。秦漢王朝以後的百越（南中國諸族）也是以相同的模式成為中國的一部分。

《孟子・離婁章句下》中敘述：「舜生於諸馮……東夷之人也。文王生於岐周……西夷之人也……得志行乎中國，若合符節。」

被孔子褒獎爲「聖王」的舜、周文王等，原都爲夷狄之族，歸化之後成爲備受讚揚的華夏賢士。

每當外國的通商使節來到，中國人都如出一轍以爲這些人是要來臣服中國的「王化」、「德治」，是來中國「朝貢」的。

中國人的這種歸化式「夷狄進化論」，在中華思想逐漸生根時，卻完全沒有「中華進化論」；中國人根本拒絕學習夷狄文化。

當夷狄強盛時，中國頂多不再叫喊「尊王攘夷」。到了宋朝，國力衰弱，在北方夷狄：遼與金的壓制下，被奪去了「半壁江山」，宋在無奈之餘，不得不接受金的冊封。朱熹曾說：「雖萬世而必報其仇。」他極力主張的夷狄擊攘論成爲區別華夷的中心思想。

但是，這種自我中心、自我民族中心的優越感引發了錯覺，以爲「正義」總是在我方，當

藩屬身分的越南不遵從中國的意向時，便發動懲罰性戰爭加以制裁。日本、中國締結外交時，爲了中國自身的利益，無理地強烈要求將「反霸權條款」納入，還干涉任何和中國價值觀不同的日本教科書內容，以及參拜靖國神社的問題。這些全部源自於中華思想。

其實最擁護中華文化的，不是越南，也不是日本，而是朝鮮（韓國）。李朝時代，朝鮮儒家們因爲朝鮮與中國文化的性質相同，自負的以「小中華」自居，尊崇本源的中國爲「大中華」。

對李朝前期的朝鮮而言，明朝是「大中華」，產生了「以小事大」的「事大主義」。（注：事大主義是奉中國爲宗主國之意。）

漢民族的明朝被清朝的滿人滅了之後，「華夷變態」，中國反被夷狄化了，只有朝鮮人仍對中華之國崇拜不已。尤其是孝宗時代（西元一六五〇～五九年），宋時烈等人還提出「尊明排清」之北伐論，讓人對於朝鮮儒者的「忠誠之心」與對「華夷思想」的堅定擁護感到震

驚。

王道思想是儒家中心思想之一，由王道而實行萬民教化，不僅居住於中國的子民接受王化，連邊境與化外之地的人民也紛紛被王化。在這中華文化的洗禮下，很快地成為中華的一員。這就是理論上所說的「普天之下，莫非王土」。

可是，一直以「小中華」自負的朝鮮，在經歷數千年之後，仍然沒有成為中國的一部分。可見王化論仍有其限度。

王化主義對於民族、種族的差異當然沒有多做考慮。既然夷狄戎蠻是王化的對象，夷狄就必須放棄自己的傳統文化來接受中華文化的薰陶，於是，中華文化的優越性與絕對化創造了自負又自大的中華傳統。

霸權主義的中國

中國的愛國歌曲有「中國一定強」這樣的歌

詞內容。當中國人自我催眠，唱頌這樣的歌曲時，證實了中國人內心裡的強國志向。

只是，為什麼非「強國」不可呢？因為，中國一直飽受帝國主義的侵略，為了避免國家受到欺侮，國家非強盛不可。這是百年來中國人的教育方針。

當然，強國志向乃來自於鴉片戰爭後國力衰退的自省，因此，「中體西用」（以中國的傳統思想為根源，融入西方的科學技術）、「戊戌政變」、「辛亥革命」等社會運動逐一而起。

二十世紀初，中國相信只要實行三民主義，中國就會「富強康樂」，就可以實現「世界大同」。到毛澤東時代，對於「東風壓倒西風」（相信以蘇聯為首的社會主義陣營，必將戰勝以美國為首的帝國主義陣營）、「十五年超越英國」、「半個世紀內超越美國」等言論更是深信不疑。

甚至到了華國鋒時代，高喊只要10年計畫實現，中國會成為「世界列強」、「社會主義強國」；直至今日，鼓舞人心的「四個現代化完

成，將帶領中國走向強盛之國」的論調仍是處處可聞。

當然，要成為強國，就一定要先成為「大國」，所以，中國人的強國志向等同於「大國」志向。中國人幾乎都是大國主義者，深信「大就是好」。

回顧歷史，中國並不是沒有小國思想的論述。老子的「小國寡民」就是小國思想，也就是國家小、人民少的原始共同體。只是，這種小國思想在中華帝國二千多年的歷史裡，不但無法生根，充其量只是想從戰亂中逃脫的自然主義和遁世思想而已。

自鴉片戰爭後約一世紀半以來，強國、大國思想成為中華帝國的原動力，在中國的大地上流連徘徊。不管是洋務運動、戊戌維新，或是辛亥革命，甚至五四運動，全都為了富國強兵。

時至今日，從列強時代進入冷戰時期，一切已成為「歷史」，然而中國還是如同以往，一邊叫喊「反對霸權主義」，一邊持續地增強擴

大軍事能力。顯見的，這是想重建中華帝國的最明顯證據了。

中國人的傲慢

任何一個民族對於其他民族總有一份優越感。也正是這種優越的自我民族意識，讓少數民族在歷史潮流中不被其他優勢民族所同化。

特別是古文明國家，對於周遭的民族或多或少都有強烈的選民意識，不僅希臘人、羅馬人如此，古巴比倫人、埃及人、印度人和猶太人也都有這樣的意識。當中，以中國人的種族優越意識最為強烈。

魯迅最常掛在嘴邊的一句口頭禪是「中國人不把人當人看」。不只現代中國人對與自己不相干的人，即使同為中國人，都不當人來看待；在古代，還將周邊的夷狄蠻戎當成是禽獸之族。直到漢代，隨著夷狄的「進化」，韓

愈才在文章中稱夷狄蠻戎為「半人半獸」之族。

移民到北美地區的中國人，對於白人當然不會存有優越的民族意識，但是，對於黑人、拉丁民族，或其他亞裔民族等有色人種就存有自我尊大的優越意識。日本的媒體就曾報導中國駐非洲的外交官與留學生因對當地黑人的差別待遇而引起眾怒，甚至引發暴動。

沒有一個民族會像中國人那樣自我誇耀。中國人相信自己是世界上最優秀的民族、最偉大的民族，所以不僅將此事掛在嘴邊，連報紙、雜誌也都登載自誇的話語，讓讀者隨時浸淫其中。

例如，有人主張「中國人乃世界最優秀論」，其最愛舉的例子：前菲律賓總統柯拉蓉‧艾奎諾女士也是中國人，中國人的鄭王當上泰國國王，或舉出一堆旅居美國聞名世界的中國科學家名字，以此證明中國人是如何的偉大，不厭其煩的一再重複申述。

在日本，當一群中國外交人員聚在一起時，

談論的話題常常不出其二。例如說，日本其實沒什麼了不起，日本文化的相撲、柔道、和服、筷子、漢字，都是來自中國，如果去除了這些，日本文化還剩下什麼。日本華僑聚會時，也是如此的話題一再重複。我曾經忍不住想當場斥責這些人：「除了這些，你們難道沒有別的發現、別的見解可談了嗎？」

羽田孜氏成為日本首相時，中國人非常高興，甚至在華語報紙、雜誌引起了很大的騷動。原因還是與前面所說的相同：羽田氏的祖先來自「秦」，所以羽田氏是中國人後裔；中國人終於成為日本的首相了，由此可證明中國人的偉大。

在日本，如果有人得到諾貝爾獎時，一般都會讚揚那是他個人努力的成果，但在中國的話，就不同了。

中國國內雖然還沒有出現得到諾貝爾獎的學者，但是當有美國華裔科學家得到諾貝爾獎時，就出現了自誇的言論：「這證明中華民族的優秀，中國人的頭腦是世界上最好的。」而

且，立刻延伸到孔子、孫子等這些偉大歷史人物，拚命地重覆說明中國人是如何的偉大。

將一個優秀的個人擴大解釋為所有中國人都優秀，如此無以倫比的優越感，應該是來自所謂中華這塊土地所孕育出的中華思想吧！

中國人也喜歡誇耀中國悠久的歷史文化。

不只政治指導者、共產黨幹部，甚至文化人、海外留學生，當他們談論到中國歷史，或是撰文討論時，常常用「偉大的歷史」之類的語辭來自我誇耀。的確，中國歷史可說悠久，但若說「偉大」的話，筆者實在無法理解。歷史上，「秦、漢」或「隋、唐」完成統一成為大帝國，創造了獨特的文化，這部分是可以理解的，但是，所謂「偉大」的歷史指的是什麼呢？除了「中華思想」的優越感在潛意識裡作祟之外，實在沒什麼原由。

由於東南亞地區沒有產生能和中國文明匹敵的文化，而助長中國對其他民族、異質文化的藐視，中華思想就是從這個獨裁的中華世界所孕育出來的吧！

但是，近代日本的強盛，改變了中國人一向的優越感。自鴉片戰爭一直到甲午戰爭，中華意識更是受到巨大的影響。

大和魂與武士道

從小，筆者就常聽人談到「大和魂」。直至今日，這仍是一些台灣年長者常愛拿來掛在嘴邊的用語。大致上，「勇氣」、「勇敢」、「竭盡心力」，甚至「玉碎」、「割腹」等等，都和「大和魂」有關。

筆者自小學二年級開始從日本教育轉為中國教育，卻是在來到日本以後才第一次聽到「中華思想」這個詞。但提到「中華思想」的人對於「中華思想」到底是什麼？並沒有一個明確的概念。大概都以「本國中心」或「優越意識」來解釋。

大和魂之意，就如同「和魂漢才」（日本固有的精神與由中國傳來的學識）這句話裡的「和

魂」,也就是由日本人固有的美德發揚出尊皇愛國、忠誠武勇的精神。在《源氏物語》的〈少女卷〉,《大鏡‧卷二左大臣時平傳》、《愚管抄‧卷四篇》、《今昔物語‧卷二十九篇》等等古代經典中都出現這個用語。平安時代,更用來與漢學知識、表現才能的漢才、唐風等等相對照。因此,對於國事的精通、卓越的武勇能力、實際的幹才、剛強好勝等等意思,如果以「和魂」或「大和魂」來統稱,那是可以理解的。

大東亞戰爭時很流行的一首軍歌〈我是忠勇無雙的士兵〉,雖因戰後日本人的自慎自戒而被摒棄,但隨著日本成為經濟大國,又以「新大和」的姿態再度傳唱。

前面我們已經談到一般人都認為日本是「武」之國,中國是「文」之國,和日本的武士道相對的是中國的文士道,也就是「士大夫」之道。當然,相似於日本的武士道,西歐也有騎士道,這是根據日歐文明發展的並行性所提出的見解。

近代日本的武士道與儒教深深結合，以人倫之道的自覺為根本。鎌倉時代以來慷慨赴死的傳統，其視死如歸，成為武士道的思想與精神的本源。

在日本，所謂的武士道並非指武術、武藝等戰鬥上的技術，而是指道德的、精神的磨練，那是指為戰爭拚生死的武士模式，具有這種精神也是為了擔負起社會的責任。它包括固守禮節、信守承諾、注重名聲的名譽心，也包括不落人後的好勝心、武勇的精神。

武士所標榜的是擁有精神上的優勢，絕不是只想以腕力或武力令他人屈服。這一點與文士道所標榜的「仁義、道德」的力量沒什麼不同。

武士道的核心是一種面對死亡的態度。相對於近代士道論的代表山鹿素行所說：「將心安住於死亡。」山本常朝在《葉隱》一書中說：「武士道就是視死亡為慣事。」還說：「永遠勇敢面對勝負關頭，通達萬事至死方休。」

武士道自明治以後，成了日本人民共通的道德泉源與傳統精神。

新渡戶稻造在他的第一本英文著作《武士道》（一八九九年）的序文裡寫著：「從我開始分析形成正邪善惡觀念的各種要素後，我發現武士道的觀念已經存在我們的呼吸之間。」與西洋社會的基督教一樣，武士道是日本的國民道德。

武士道是為了保護名譽或信義，即使放棄生命也在所不惜。

而且，從「武士沒飯吃，一樣窮剔牙」這句話中更可看出在日常生活中清廉自重，甘於簡樸生活，養成忍耐刻苦。

明治末年，英國的日本學者張伯倫（B.H.）在《新的宗教》書中指出：武士道是忠君愛國的思想，也是創造明治日本的「新宗教」。

出人意料地，時至今日，對日本有興趣的中國人還是相當少。戴季陶在他寫的《日本論》一書中，讚美日本人殉死的精神，對武士有很高的評價。在中國人眼中，日本文化最醒

目的，應該還是武士道吧！

寧可玉碎只求瓦全的中國人

　　只要是人，就有死亡的一天，有人可以慷慨
赴死，有人則做不到。重名譽、重名節、慷
慨赴死，是戰爭中理所當然的事；神風、玉
碎、切腹等用語，代表日本人的精神。

　　日本軍在大東亞戰爭挫敗後，於孤立無援
下，選擇集體自殺的方式震驚了全世界。尤其
是一九四三年五月二十九日的阿圖島、十一月
的塔拉瓦島、隔年七月的塞班島、八月的關
島、一九四五年三月的硫磺島，以及六月的沖
繩等等最為有名。除此之外，還有其他地方也
將「玉碎」精神發揮得淋漓盡致。

　　但是，如果只以戰爭的瘋狂而言，中國人比
日本人更好戰。當然，在中國歷史裡，教科書
所記載的民族英雄，如宋朝的文天祥，明朝的
史可法等，都是至死不屈的文人。但那實在是

歷史中的少數例子。

中國人常是寧可瓦全而不願玉碎。瓦全這句話源自《北齊書》中的〈元景安傳〉：「景皓曰，大丈夫寧可玉碎，何能瓦全。」事實上，中國人是寧可選「瓦全」，並不願意「玉碎」。

所以，不論蒙古人或滿州人，都能以少數人征服中國。中國人常常在情勢不利時，馬上前仆後繼的投降敵人。因為，到底要不要抵抗敵人，必須以自己利益為最大的考量。

例如，吳三桂將軍本應鎮守長城的山海關，防止滿州人入侵，可是，當牽涉到個人利益時，馬上開關投降滿人，幫助滿人征服中國。滿人征服中國時，其先鋒部隊幾乎都是漢人領軍。

日本人進軍中國大陸時，不論中國的領導人如何地呼籲全民共同抗日，實際上幾乎看不到來自民眾的由衷抵抗。

在歷史真實記錄中，日本軍進入中國城市時，還有中國民眾搖著日本國旗，歡迎日本的

先鋒騎兵隊或砲兵隊進城。這些場面不僅在日中雙方的戰爭日記、記錄電影和戰地相片中可以看到，在中國人自己所寫的書籍裡也很多。

《史記》中記錄吳越之爭時，越軍將吳國戰俘放在軍隊最前列來與吳軍對打，吳國戰俘在敘述完吳王的恩義後集體自刎，這樣的事態實在令人難以相信。

會集體自殺的絕不是戰俘，而是「武士道」或「宗教的」殉教行為，如同「玉碎」，是武士道精神的精華。

名譽與忠心是武士精神的最大基礎，為了保有名譽，即使賠上性命也非得盡忠不可。

《保元物語》對於為了不讓主君有所遺憾而奮不顧身之理念，稱為「以身為弓」，也就是「大將軍前，不共戴天之仇可以不報，但會奮戰不懈，百死不悔」。

武士道與武士同時誕生，講的是武士的忠義，風骨如同「武者之習」、「武士之道」，不久就成了單方面的忠誠道德。

　　武士道這個用語在鎌倉、室町時代時完全看不到，應該是到戰國時代才有這樣的用語。而在江戶時代以前，則常以「弓馬之道」、「兵之道」、「武道」來形容。

　　對主君忠誠只是基本的生活規範，還要注重仁愛、義理、樸實剛毅、勇武、禮貌以及長幼有序等等。更對朋友守信義，不畏死亡，重名譽，知廉恥，這些全是武士的人格要求。

　　電影、電視每年一定播放赤穗浪士報仇的忠臣藏，就是一種代表，也是在述說日本人的內心。

　　武士道有清廉正直、孝行、儉約、慈悲、無欲、必死的覺悟和超越平凡的美。德川幕府以朱子學為官學之後，接受了江戶儒學的思想。山鹿素行在《山鹿語類》裡說：「身為武士，堅固自覺，確定意志，淬煉道德，磨練全能，一日三省吾身，威儀正確，謹言慎行。」這些與儒教的仁義禮智信的五常是有差異的。

　　日本武士主從關係的基礎來自於恩給制的

經濟關係。所以，主公對隨從的扶助是義務
的，是公平無私的，而在要求主公要有慈悲之
德的同時，隨從必須奮不顧身，效忠主公，竭
盡忠誠。相較於其他道德，這些必須優先考
量。

　　和辻哲郎曾對主公的「御恩」與家臣的「效
忠」之間的關係加以說明，有獻身的道德自我
實現，和對認同這份道德的自我價值，這不外
源於雙方契約的觀念。

　　當然，這樣的忠誠心不只限於日本社會。
美國甚至立下有無忠誠心的「忠誠審查制
度」（Loyalty Program）；還為了保護聯合國，
於一九四七年五月，由美國總統發佈行政命
令，各政府官廳實行聯邦忠誠審查制度。目的
是為了將治安上的危險人物驅離公職。

　　在日本，雖然忠心是武士階級的道德規範，
但庶民階級還是將效忠、義理等規範擴大至整
個社會層面。

　　日本因為是以家族為中心考量，所以，父
親是小天下的君主，而君主則為大家族的父

親，忠與孝是一體的。對父母孝順，就是對君主盡忠。

明治維新之後，沒多久就以思想轉變、叛逆、抵抗等反向概念和意識來超越國民對國家的忠君愛國，組織成員轉而對團體忠誠，跨越傳統人際關係的藩籬，將主義、理想、制度、歷史、傳統、神話等等特徵附加於所忠誠的對象團體。

中世紀的歐洲將忠心的價值附加於教會信仰上，而毛澤東時代的中國，被要求忠於國家，忠於黨，忠於毛澤東思想。

武士道裡，對君主忠誠是最高道德。但是，國際化時代的今日，在自由主義國家中，忠誠概念已多樣化與分極化。

日本人將對國家的忠誠，移轉為對企業的忠誠，成為現代日本社會的精神基礎。

第六章

道教

理解中國人
精神、風土
的原點

移除了道教精神就無法談論中國人

　　如果說中華思想代表中國人性格、意識，大和魂則代表日本人性格、意識；「道教」決定了中國人的思考方向與行動，日本人則是受「神道」影響。道教、神道掌控了中國人、日本人的深層意識。

　　道教不僅反映中國人的風土民情，更象徵中國人對事物的看法。過去，日本文化確實也受道教影響，然而現在的日本，幾乎無人信奉道教了。道教思想要在日本精神社會扎根，應該是不可能的。還有，中國一定有人知道神道，但是沒有人信奉神道，此言絕不誇大。神道與道教都是民間的信仰。

　　道教與神道，都是來自於原始的民俗信仰，屬於多神教，並且受到外來佛教很大的影響，有人既是佛教徒也是道教徒，也有人既是佛教徒更是神道的信仰者。

　　神道以「神佛融合」、「垂跡本地」（注：垂跡本地是佛菩薩以當地神明的形象現身救渡眾生之意。）的形式將佛教納入。道教也是道佛混合，將佛像迎入道觀之內，連儒教始祖孔子也一併納入。

　　中國人與日本人一向對於神佛沒有清楚的區分。日本人過去曾將佛教的觀世音菩薩當成神明膜拜；中國人則不只是觀世音菩薩，很多寺廟還同時供奉佛陀（佛教）與媽祖（民間信仰）。

　　道教在日本明治維新的神佛分離運動之前，一直是神佛混合的，如今則是「道佛混合」。

　　當然，在明治初期曾發生過「廢佛毀釋」的佛教法難；在中國也有因為道士與僧侶為了爭奪國教的主導權，而發生類似「廢佛毀釋」法難的「三武一宗」。（注：「廢佛毀釋」是明治政府為了推行神道教化政策，在明治元年頒佈神佛分離令，全面進行毀佛壞寺之行動。「三武一宗」是北魏太武帝、北周武帝、唐武宗、後周世宗，雖為不同

朝代，但都曾聽信道士讒言而誅殺僧侶，毀佛像，燒經典。史上稱這佛教四大法難事件爲三武一宗。）

伊斯蘭教則以劍與《可蘭經》實施軍事征服，軟硬兼施地強迫信仰。對於不願信仰的人，或殺，或徵收不信仰稅；神道與道教則沒有這種強制行爲。

沒有利益時，
中國人可將道教諸神棄於溝渠

道教或神教可說都是源自民間的多神教，所以無需佈教或傳道。因爲道教或神教的諸神，本來就是鄉村部落人民信仰的神明。

人類會大批蜂擁至有利益之處，就像大批人潮到伊勢神宮參拜那樣。當道教的神被傳頌有神通能力時，信徒們不論如何被拒絕，也一樣會湧了過來。如果信徒的祈求無法實現時，神像常會如垃圾般地被棄置於溝渠之中。

中國人跟日本人一樣，崇拜多神教。中國

人認爲天爲萬物的主宰，從天而下，有日、月、山、川、關帝君、道德君、媽祖、王爺、佛祖、虎爺……等諸神，無不膜拜。

這些神明除了天神之外，大部分是地方神明或守護神。而對於人力無法對抗的鬼神，只能祈禱、奉上供物。

不論日本或中國，只要有利益的話，一下子便人潮聚集，群眾大批而至。大眾文化也是這樣產生的。日本不僅神道如此，茶道、花道，還有柔道、劍道，都是在瞬間蔚爲風潮，成爲大眾文化。

因此，既然是由共同體所產生，自然就沒有弘揚神明教義的必要。道教的神也可以借助人類的手或分身來替其行事。神道也是如此。所以，道士或神官就不像基督教傳教士或佛教的和尚，必須爲了傳教而講經說道。

道教的道觀（寺廟）與神道的神社，不像一神論的宗教是以「唯一」的至尊姿態來君臨天下。的確，雖然有專橫或好色的神明信仰存在，可是無論哪位神明，都是具有豐富的人性

或世俗性的特質。

　　基督教有教會，佛教有寺院，道教有道觀，神道有神社；而當發覺有不妥當的儀式時，還可以改變祭祀的方法。由一神教的觀點來看，這一點的確有隨便的感覺。

不會為信仰殉教的神道與道教

　　神社與道觀有什麼不同呢？神社除了祭典時間之外，平時都是安靜的；相對的，道觀即使位於深山幽谷，仍然一年四季善男信女絡繹不絕。還有，道觀的諸神偶像是崇拜的象徵，與完全不崇拜偶像的神社相比，道觀將眾多的神明法像擠在狹小的道觀裡，讓人覺得過於混雜。

　　基督教與伊斯蘭教曾因為殉教而發生聖戰，道教與神道幾乎沒有殉教這回事。不僅中國人沒有，連日本人也很少為主義或信仰殉道。

　　在日本，為了神道而殉教的，頂多是在蘇我

氏與物部氏的崇佛廢佛暴動中，物部守屋與弓箭手捕鳥部萬，再加上一條餓死的狗而已。如果說道教有殉道者的話，多是屬於拂逆天子心意，或欺騙天子而被處死的。（注：明治初期，蘇我氏廢佛教尊神道，物部守屋因持反對立場被滅。捕鳥部萬逃亡不成被殺後，屍體被卸成八塊。當有人想接近部萬的屍體時，部萬所養的一條狗立即狂怒而叫，不准任何人靠近；並將部萬的頭骸啣至古墓內後，在旁靜臥絕食至死。）

中國歷代道教徒的叛亂有原始道教的太平道、五斗米道的黃巾之亂或孫恩之亂，然而在本質上，這些叛亂屬農民的叛亂，不是道教徒的叛亂。

如果神道的諸神是由「人死皆成佛」、「人死後皆成神」的理論來看待，除了已經不可數的神之外，還有「垂跡本地」的神、天滿宮的菅原道真，和東照大權現（德川家康死後的追諡）等等，以幾何的數字累計，多到不可勝數。依「人死後皆成神」的理論，如果從有名字的往生者開始計數的話，其數目絕對凌駕於

道教諸神與神道諸神之上。

與神道的「人死後皆成神」不同，中國道觀或寺廟只供奉成聖、成仙的少數神明，事實上卻是各宗各派的神明齊聚一堂，雖不壯觀，也很熱鬧。

不論神道或道教，都是典型崇拜自然的多神教。如山川、劍、鏡子、石頭、玉、老虎、狼……等等，都有信仰的神明。

道教與神道是崇拜自然的多神教，二者之間有很多的共通點，不過，由於各自反映民族性，所以神明的性格與神通力就有很多的差異了。

在神道裡，有些論述認為大神這句話的語源來自於狼（注：日語的大神與狼的發音相同），道教虎神則被崇拜為「虎爺」。

道教的神明，不只中國人始祖黃帝，堯、舜以及秦始皇之後的歷代皇帝，都在身故後成為神明。不只如此，連孔子與他的弟子顏回、佛陀、觀世音菩薩、土地公、山川、風雷之神等也都受到祭拜。

侵略中國的日本軍人有的也成爲神，如義和團事件時率領日軍進入北京城的五郎中佐變成了軍神，消滅蝗蟲的日本軍部隊長成了門神，受到農民的祭拜。

一九四四年十二月在台灣海域的空戰中，有一軍機被美軍擊中，掉落在台南，駕駛杉浦曹長陣亡。不久，當地人將他奉爲守護當地的軍神，蓋了「飛虎將軍廟」祭祀他。此即：有利益，信眾就會聚集。

還有至今仍然香火鼎盛，被尊爲「天上聖母」的媽祖，與好色出名的八仙之一呂洞賓；還有土地公的上司，也就是手握判決生死大權的「城隍爺」，其膜拜的信眾仍歷久不衰。

存在於
天上、地上、地下、體內的諸神

道教不僅將釋迦佛、阿彌陀佛，連基督、穆

罕默德，都納為道教的神明，安座於道觀的西面。而且，道教的神明還隨著時代的進步，與時俱進。只要能應人類的祈願，馬上就成為神明。

道教的神明與人間的宮廷或官僚組織一樣，位階有高低，憑著功績往上晉升，也可能轉任。這種現象，在世界其他宗教裡是看不到的，它忠實反映了現今的中國社會。

道教的神明與人類極為相似，有生日，有好惡。據說道像與神像的構想是來自佛像，最高主宰之神：玉皇大帝頭戴寶冠，手執笏，完全是皇帝的裝扮。

祭典通常是依各個神明的生日來舉行。

神道也有死後世界或「三界」的思想，但是不明確。（注：三界本是佛家語言，講的是欲界、色界、無色界。此處的三界泛指天上、地上、地下，三個世界。）

大部分神道諸神居住在天上，只有在祭典時，才下凡到人間。

道教諸神也多居住在天上，但騰雲駕霧，遨

遊四方的也不少。

　　但是，道教不像神道諸神只限制於居住在天上。例如，城隍爺與土地公就住在地上。守護大地、墳墓的后土神或灶神也是住在地上。三魂七魄與三尸神就居住於體內。地獄諸神則住在地下。所以，道教諸神是分別住在天上、地上與地下。（注：三尸神：道教認為人的體內住著三尸蟲，又稱三尸神；於農曆庚申日的夜晚，離開人體上天稟告司命各人所做過之惡事，減人壽命，促人早死。）

　　關於宿住在人體裡的諸神的數量，眾說紛紜。有對應二十四節氣的二十四個神明；也有《洞真三元品誡經》裡說人體內有三個宮殿，六個官廳，一百二十個關口，一共住有三萬六千位神明。《洞神經》裡還說，人體裡住有一萬八千位神明，天上下降的神明有一萬八千，二者合起來一共三萬六千位神明。

　　神道與道教一樣，最高之神並不明確。雖有伊弉諾、伊弉冉二柱之神的說法，但也認為高木神、國常立尊的位階在二柱之神之上。

道教與神道一樣，不僅最高之神不明確，還會隨著時代改變。

道教對於最高之神是不統一的，也是變動的，總是隨著時代來改變最高之神。

從道教史來看，三、四世紀時的最高之神是太上老君，五世紀時是無極至尊，到六世紀就變成元始天尊。而到了二十一世紀，玉皇大帝（天公）成為最高之神。

道士之間認為元始天尊是最高之神，但是民間卻認為玉皇大帝才是最高之神。民間還盛傳玉皇大帝不久即將引退，由關聖帝君（關公）繼任。

道教與神道都沒有教主，因此不會與異教派起爭執

道教與神道一樣沒有教主，都由自然宗教所產生，與教主所創的基督教、佛教、伊斯蘭教不同。

因為是自然宗教，無法清楚確定教主是誰，這是很自然的事。

現在的道教以黃帝、老子為教主，並結合老子與莊子，以老莊思想體系成為道教的宗教思想。事實上，道教是在西元四世紀以後，引入道家思想做為道教教理，因而成形。到了七世紀左右，道教才以老子為教主。

之後，道教又在佛教傳入中國後，擷取了佛教教理與組織結構，完成了民俗型的宗教。這個部分雖然與原始神道相同，但是原始道教的歷史則更悠久。漢朝初期，不論政界或民間，對於黃老之學（黃帝與老子）、黃老之術都非常有興趣，道教在瞬間蔚為風潮。

也有人認為後漢末期張角的太平道教團和張陵創立的五斗米道教團，展開了道教的歷史。

道教形式是以信仰天帝、星辰，再加上神仙傳說與巫咒之術等等為基礎，之後再融入佛教教理和儒教倫理，完成了道家的「道」之哲學，再以此為核心，組成民族性的通俗宗

教。

也可以說，道教是道、氣、神三位一體的宗教。

基督教有《舊約聖書》，伊斯蘭教有《可蘭經》，神道則無類似的經典。雖然在《記·紀》、《風土記》和《祝詞》裡記載著諸神的故事，但這都不是經典。道教與神道相比，道教有類似教義之類的經典，如《道藏》與《雲笈七籤》，雖然不是抄襲自佛教經典，但或多或少還是受佛教影響，是以佛教經典爲範本而完成的。

道教在十一世紀左右，仿效佛教《大藏經》，將所有經典整編後稱爲《道藏》。《雲笈七籤》共一百二十卷，就是統合《道藏》重要教理與綱領而組成的。

《道德經》是道教基本經典之一。道教宇宙觀的原點是由「道」所延伸出來的。

「道」是萬物根源。道又可說是「一」。

《道德經》（四十二章）寫著：「道生一，一生二，二生三，三生萬物。」也就是

說，由道的發展來生成萬物。

《雲笈七籤》（卷三）記載：「天地生成，起自無先。垂跡應感，生乎妙一。從乎妙一，分為三元。又從三元變成三氣，又從三氣變生三才。三才既滋，萬物斯備。」

道教通常分為以道士為中心的理論性道教，或民俗信仰型的通俗道教，是以是否成立道教組織來區分，不過，事實上很難將兩者清楚地區分出來，要將民俗信仰和宗教的秘密結社，以及道教區分出來，也不容易。

日本的民俗信仰是不是「神道」？中國的民俗信仰是不是「道教」？這兩個問題都很難回答吧！

例如，道教研究者認為灶神或土地公等神明是道教諸神，但是，也有宗教學專家認為灶神與土地神只是屬於民俗信仰的神明而已。

神道有神社，佛教有寺院，道教也有道觀或宮觀。例如，屬於道教支派的全真教大本營：北京白雲觀，和淨明道發祥地：江西南昌的玉隆萬壽宮，以及四川成都青羊宮、蘇州玄

妙觀等等，都是有名的道觀。

在道士修道場或道觀裡，有木魚、鐘、鑼、經文，道士既誦經，也鳴奏法器。也有與西藏佛教相同的「五體投地」式的禮拜。如此類似佛教型態的儀式，在神道的神社裡是看不到的。

神道基於「融和」原理，從古神道開始，一路發展成兩部神道、山王神道、度會神道、吉田神道、法華神道、儒家神道、理學神道、垂加神道、國家神道……。道教也是由原始道教開始，然後一路轉變為太平道、五斗米道、重玄派、茅山派、全真教、太一教、真一道教、淨明道、武當道等等宗派。但是，道教與神道都沒有產生像基督教或伊斯蘭教那種和異教派的爭鬥，其原因應該是沒有創教教主的關係！

只追求現世利益的道教

　　基督教認為人類是由唯一的神：天父所創造的，相對的，神道則認為人類是由神所生的。因為由神所生，所以人與神之間有血緣關係，人是神的子孫，人死後則成神。沒有死亡，就無法成為神。但是，道教看法卻完全不同。

　　道教基本上沒有在另一個世界得救或諦觀的說法。道教中心思想是神仙思想，講求此生的安樂、長壽，因為對生命有無限延長的慾望，所以追求、探討長壽不老或神仙之術。

　　總之，道教有強烈的呪術色彩。

　　還有，道教不重視國家與社會的救贖，與其講「救世濟民」（政治、經濟的），不如在「個人的救贖」上力求發展。

　　道教並不求來生的救贖，以不老長壽的中心思想追求現世的利益。

　　中國人的現世利益與幸福的追求是「福祿壽」。因為中國人最盼望的幸福是福、祿、壽。一般貼在屋簷下或室內的吉祥語，以「福、祿、壽」或「五福臨門」最常見。

神道認為人死亡後都可以成神，是一律平等，並無任何差別待遇；道教的神仙思想則認為是「不死」，以現世的生命來成為仙人。雖然不能說日本絕對沒有「神仙思想」，但神仙思想是與神道信仰不相容的。神道雖也祈求無病息災、延年益壽、子孫滿堂，不過，不像道教那樣追求「不死」。當然，神道的「明神樣」或「現人神」雖然與道教的仙人很類似，但他們並不是神仙。

為成仙而中毒死亡的中國皇帝

中國人最大的願望就是長生不老。為此，很多方士、道士努力研究仙術，從天子到庶民，為了成仙，終生努力不懈。

道教認為有天仙、地仙、水仙等三種仙人。人類只要學得仙術，就可以成仙。

長生不老術中，以辟穀、服餌、服氣、導引、房中等五術最常被提起。

在道術的名著中，葛洪的《抱朴子》記載許多長壽的藥方和成仙的方法，被認為是成仙的寶典。

在成仙的方法中，有一種是不吃五穀雜糧（辟穀法）。飲食中只吃自然的食物，這還算容易，但是如果只能食用松脂、菊花、菖蒲和喝西北風的話，能做到的人實在不多。

對於無法忍受上述辟穀法的人，服用仙丹的服餌法是另一條成仙的捷徑。從西元三世紀至今，中國人醉心於仙丹的程度，真的難以筆墨形容。

除此之外，道教也認為：要成仙必須先積德。這個部分在其他宗教裡看不到。可以說是反映中國社會是以倫理為最高價值的例證。

道教有一個記載善惡行為的表格叫「功過格」，可以把它當成是為了成仙而必須實踐的道教戒律，那是一種提倡「少思寡欲」的戒律。以「一日一善」的方式累積善行，積滿了三百善，就可以成地仙；積滿三千善的話，就可以成為天仙了。

　　總之，在累積善行的同時，壽命也逐漸延長；但如果一直行惡的話，壽命也會逐漸縮短。主宰活命的是南斗星君，主宰死亡的是北斗眞君。

　　秦始皇與漢武帝二人追求成仙之事非常有名。尤其是漢武帝，他相信自己死後可以成仙。有不少的皇帝爲了成仙而服用丹藥，導致中毒死亡。唐朝皇帝中至少有六位就是因此死亡的。中國人那種想成仙的心態實在難以想像。

道教爲展示「比佛教偉大」，增加了天界與地獄的數目

　　說起道教的最大目的是長生不老，這部分乃盜取自佛教的「天界與地獄」的思想。

　　佛教裡有一個往生極樂淨土的思想，但在古神道裡，幾乎沒有「地獄」或「極樂」的思想。在《記・紀》裡雖然有黃泉之國的神

話，但並沒有將地獄思想系統化。（注：佛教的淨土思想是講人在此生結束後，往生諸佛的淨土世界。在那裡，除了可以不受人間的種種苦之外，還提供了一個修行的絕佳環境。此世界的名稱對應於人類世界的「穢土」之說而稱「淨土」。）

道教與神道都是自然宗教，是追求現世利益的宗教，所以不太在乎死後靈魂的救贖。因此，道教拚命地想從死神的手中逃離。總之，可以說是追求長壽的宗教。

道教描述多重的天界與地獄。道教的天界有九重天、三十二天、三十六天的說法。天界有三十六天，其中的二十八大是來自佛教的欲界、色界、無色界等三界思想的說法，其他三界之外的八天是道教自己添加的。

而地獄的數目有八、九、十八、二十四、三十六、八十一、一百零八的說法。

道教所說的天界與地獄的數量多於佛教所說的，可以將此看成是道教宣示自己比佛教偉大的表現。

當然，道教也有和佛教相同的輪迴轉世的觀

念，但是，道教認爲子孫可以救贖那些在地獄受苦的親人與祖先。方法是：先向太乙救苦天尊祈願，道士再以「打城」與「破地獄」的儀式來救出受苦的親人或祖先。道教的神通力可以救出墮落在地獄裡的祖先，對於善男信女而言，這可是很吸引人的宗教。

日本的古典作品也談到高天原、日之若宮、常世、海宮、黃泉、根國、妣國等他方世界。

日本神代的諸神，大都住在三個世界。例如，高天原的天照大神、豐葦原的瑞穗之國、中津國的大國主命、伊弉冉尊死後所住的黃泉之國，以及素戔嗚尊死後所住的堅洲國等等，共分爲天上、地上、地下三個世界。從神代時代以來，神社祭神對象，主要都是選擇天津神或國津神，不過，已歸化日籍的外國移民則多參拜渡來神，例如，琦玉縣高麗神社的高麗王若光就很有名。

神體（又稱正體、御形、靈代、御靈代）是指有三種神器的八坂瓊勾玉、八呎鏡、草薙劍、巨

石、巨木、神像和瀑布。

自古以來，神道認為老樹、巨樹、神木為神的會集處，是諸神降臨的地方。也稱為勸請木或神依木，也有以這些神體做為神社的。神木通常選擇楊桐、松樹、杉樹等樹木。

例如，奈良春日神社的楊桐、京都伏見稻荷的杉樹、京都大原野神社和北野神社的松樹，以及太宰府天滿宮的梅樹，都聞名四方。

和平共處、共存共榮的神道諸神

古代日本人相信包羅萬象的自然界佈滿神靈，所以將自然的巨石稱為「磐座」，稱神木為「神籬」，將神降臨之處視為御座所（又稱依代）加以膜拜。不久，為了能經常祭拜從天而降的神靈，於是便有了神社的設置。

日本人對於生命的基本看法是生命源自祖先，在大自然裡養成，在共同體中成長。

多數的祖靈和土地自然神不同，必須在既定期間內持續祭拜，這有三十三年或五十年的說法，之後，改以集合靈，一體成為守護神來祭拜。

在儒教或道教的價值觀裡，世上一切以「正邪」、「善惡」之二分法來區分；神道則對關注「清淨之物」、「濁穢之物」更勝於「正邪」。總是希望避開「濁穢」，祈願得到「清淨」，提倡「潔淨」。「潔淨」的方法有「禊」與「祓」。（注：「禊」是在重大的法會前，濯於水邊，以洗掉身體的罪惡與汙濁。「祓」是求神消災的儀式，以祛除不祥、罪孽、災禍。）

厭惡「濁穢」的思想來自於追求「清淨」的價值觀，以美意識為最高價值，這已經超越了「正邪」與「善惡」的價值了。

所以，日本人的死亡方式與其說是為了主義或思想殉道，不如說是一種毫無留戀地尋求純潔、美麗的死亡方式，而讓神或世人敬愛。橘中佐、廣瀨中佐因壯烈戰死而受到軍神式的崇拜，正是日本人追求美意識的象徵。這一點

與伊斯蘭教的護教聖戰思想完全不同，不是為了神而死亡，而是為了自我的美，獻出了生命。

道教也有類似於「禊」與「祓」的儀式。以呪咒的方式封住惡魔或祛病，並具有各種守護生命的「靈符」，如神靈附身的乩童起乩為人消災解厄，和使用驅魔制邪的劾鬼術（注：不依賴於能見到鬼，也不跟鬼溝通，不代鬼傳遞要求人類滿足鬼的需求，如遷葬、燒紙、修墓……等。終止人鬼的一切連繫），以及喚回靈魂的攝魂術等等，另外，還有地方上祭祀神明的「祈安慶成醮」與「瘟王醮」等儀式。

神道諸神各自帶有「和魂」與「荒魂」兩個屬性，但沒有絕對的善神或惡神。當然，諸神中不能說絕對沒有惡神的存在，例如，雖然有八十禍神的邪神存在，但絕對不是極惡之神。因為，沒有絕對的價值觀，所以看不到像希臘神話中諸神惡鬥的現象。

道教其實是受到迷信的支配，尤其是對疾病的治療是很愚昧的。所以，中華人民共和國成

立之後，道教被禁，道士被驅離道觀。

日本的神主（主祭官）或宮司（神社裡最高的神官）雖然也有消災袪病的求神儀式，但是沒有道士那種神通力。

和西洋人相比，日本人注重現世而且是樂觀主義的。因為，日本人認為他們是神的後裔，並不像亞當或夏娃那樣，要為自己犯下的錯誤贖罪而被驅離伊甸園。也沒有基督教的世界末日的想法，和佛教的末法思想。更相信這個世界是永續的，子孫綿延直到永遠。

神道是多神教的，自神代時代以來，從沒嘗試要以一神教來取代。諸神有各自的領域與能力，彼此間和平共存共榮，沒有所謂萬能的神或全知全能的神。

日本沒有全知全能的神明信仰，這也決定了日本文化和日本人性格的一種特色。

魑魅魍魎的中國宗教

中國人相信祖靈會護佑他的子孫，如果不持續地向祖靈或亡靈祝禱，它們就會作祟騷擾。所以在中國，沒有人供養的餓鬼被稱為「好兄弟」。因為沒有人供養，只好遊蕩徘徊，糾纏人類。

中國人還相信糾纏人類的不只有亡靈，還有動物中的大蛇、狐狸，和植物中的柳樹等，都會成為惡靈來危害人類。

中國人還認為這世上會危害人類的不只這些遊蕩的惡靈、惡鬼，一公里以上的直線道路與巨大的建築物都會產生煞氣，連高大的樹木、電線杆和看板也一樣。

被這些煞氣沖到的人會生病，或是發生不幸、倒楣的事，甚至有時候會導致死亡。

中國人特別注重「風水」，相信住宅方向、墓地的選定和墓碑的座向都會左右人的命

運。

為了避免受到惡靈或惡鬼的迫害，和免於各式各樣的煞氣，必須常常到寺廟參加消災除厄的法事，因此，寺廟總是香火鼎盛，生意昌隆。

中國人的社會是一個魑魅魍魎、群魔亂舞的世界，為了要避免惡靈之災，所以得向諸神祈求保佑平安，或是請道士僧侶做法事、祝禱、供養等等，當生病、事業不順或運氣不好時，更會去寺廟祈求神佛護佑。

世俗慾望深重的道教諸神

常見的道教兩大儀式，一個是「擲筊」，一個是「燒紙錢」。這些在神道裡絕對看不到。

中國人在不知如何做決斷或心中有所求時，最常使用的是「擲筊」。

「擲筊」的筊可寫成珓，是類似貝殼形狀

的東西，一面是扁平的，另一面呈圓弧狀膨起。扁平面代表陽，膨起面代表陰。兩片筊以扁平面合併時呈橢圓球狀，用來向神明請示事情時使用。在向神明訴說內心的徬徨或祈願後，將合成橢圓球狀的筊輕輕地丟向地面，如果一片呈陽，另一片呈陰，這是「聖筊」，視為神明應允所求。

一般在自己家裡擲筊的人比去寺廟擲筊的人多，南方人比北方人多，也在華僑界很常見。

還有一個在神道裡看不到的儀式是「燒紙錢」。中國人相信火化紙錢可以成為另一個世界的通用貨幣。也有和我們用的貨幣一樣的紙錢，上面寫著「地府通用貨幣」，銀行名稱是「冥通銀行」，銀行總裁是道教的最高神：玉皇大帝，副總裁是閻羅王。

紙幣還分金紙和銀紙，金紙是神明使用的，銀紙則是祖先或亡靈使用的；紙錢燒得越多，神明和祖先就有越多的錢可以用。紙錢以外，還有「紙厝」，就是以紙糊出車庫、房屋

等等豪華宅第設備，在送走祖先的最後一天火化，稱為「燒紙厝」。透過燒紙厝，希望祖先在另一個世界仍然可以過著富裕的生活。這難道不是有錢能使鬼推磨的想法嗎？

道教與佛教看法不同，是以人類的想法來看待祖先或神仙的生活，其內心慾望之深，猶如溪壑。

在中國，諸神無時不刻監視著人類

灶神是反映中國「間諜社會」的神明。中國人相信灶神一年四季監督著家中的一切事務，北中國在農曆的十二月二十三日，南中國則在二十四日這一天，灶神會昇天向玉皇大帝報告這一家中一年來所做的善事和惡事。

如果被灶神報告說這一年有做惡事的話，來年則會有不幸的事降臨。於是，為了取得灶神的歡心，希望灶神在玉皇大帝面前為自己說好話，送灶神這一天的晚上，必須祭拜豐盛的祭

品給灶神。至於從天上返回的日子，則各地方不同，大概在除夕與舊曆元旦之間。

當然，除了灶神之外，還有門神、廁神以及土地公，都是監督人類行為的神明，還有「三尸」，也是伺機而出，向天帝報告。為此，中國民眾片刻不敢忘記祭拜道教的諸神，不得不以供品賄賂神明。

道教的諸神無論怎麼說都是仙界執勤的高級官僚。每位神明依照自己的職務，將人間人民的一言一行，一一記在生死簿上，掌管人類的生死禍福。

道教不只有很多神明，也舉行驅魔儀式與唸咒，還有，道士也做供養和消災除惡等法事。

道教是為了實現中國人追求現世利益的宗教信仰。

只要身為猶太教徒，就不可能成為伊斯蘭教徒，但是中國人卻可以是佛教徒又是道教徒。更可能表面是儒教徒，骨子裡卻是道教徒。

　　與一神教不同，道教是由中國人日常生活中所衍生出來的宗教，追求現實的利益更重於精神的救贖。

不需將道德
形諸語言的日本神道

　　不論道教或神道，做為中國與日本的民間宗教，與民眾的生活密不可分，影響著民眾的思考方式與價值觀，而且孕育大眾文化。所以，當你問中國人是怎樣的民族？日本人又是怎樣的民族？應該先問道教與神道是什麼？

　　如果不了解道教與神道，就無法討論中國人與日本人，更不可能了解他們的文化。

　　或許，如同不是猶太教徒就無法成為猶太人一樣，雖不能說不相信神道的就不是日本人，不是道教徒就不能當中國人，但至少，神道孕育日本人，道教薰染中國人，這個說法並不過份。

猶太人相信自己是宇宙唯一的創世神所選擇的「選民」；日本人相信日本是由神所生的國家，日本人是神所生的子民。其中的差別在於日本人不是「選民」，而日本是由神所生的「神之國」，諸神自然會守護日本。

神道並不像基督教或猶太教，制定有應該怎樣做、什麼不可做的戒律，因為神道沒有一神教那種絕對、唯一的神明。就算是最神聖、莊嚴的神，頂多也只要求信徒秉持「光明、清淨、正確、正直」或「清淨自己」的信念而已，這是從人類對神明的信賴感而來的。

數千年來，中國社會之所以會不斷地提倡儒教的「仁義禮智信」，這可說是導因於對人類的不信任。

神道常說人心該有「清明之心」，祭神的祝禱文也常說「抱持明朗清淨真誠之心」。清明之心是指對神的態度，摒除邪念與私心，有共同一體的思維。

根據江戶時代的儒學家太宰春台的說法，神道並不是所謂的道德規範。有關仁、義、禮等

等道德用語，是儒教的產物，在大和語言中並
沒有這樣的東西。

國學家本居宣長指出，雖然沒有那樣的語
言，並不表示沒有那樣的道德意識。既然日本
人認為那是理所當然的事，就沒有必要專門表
現在言語上，這樣的論述是正確無誤的。

日本的宗教活動雖不受道教或道士影響，但
是在民間習俗、祭祀或咒術方面，還是有受道
教影響的地方。

神道思想也受道教影響。尤其是伊勢神道的
教典《類聚神祇本源》，書中可見引用道家
《老子》、《老子述義》、《周易》、《五行
大義》之語。吉田神道的《唯一神道名法要
集》也明顯地受到老莊思想或道教經典的影
響。

另外，也有古代天皇信奉道教的論證。日本
的修驗道（平安末期的一個宗教）應該就是在佛
教、道教、神道、陰陽道成為既定習俗後形成
的宗教吧！

道教信仰隨著中國文化傳入日本，但沒有在

日本生根，不過卻也和古神道融合，其神道思想與祭典方式還是受到影響，尤其古代天皇制與皇室禮儀更是如此。而且，它還是日本民間呪術的源流，例如，日子的吉凶、風水、方位、八字合婚、流年、天干地支等等，以咒術的形式存留在日本深層的文化中，形成陰陽道。

第七章

中國人的

國民性

中國人的國民性格

有句俗話說：「人各有所好。」人類的性格眞的是「十個人十個樣」。因此，不能只依照一個人個性或嗜好的不同，即論斷他們的民族性或國民性。

的確，民族性或國民性都是各民族或國民的歷史產物。當時代或體制改變時，文化生活環境也會隨之改變，國民性當然也跟著改變。

傳統中國人的民族性與社會主義中國的國民性有相當大的差別，這是誰都否定不了的。改革開放後的中國人價值觀與生活形態衍生新的民族性格——「一切向錢看」，隨著這個價值觀的普及，可見中國人性格豹變的特點。

美國出生，長年在中國傳教的史密斯（A. H.）所撰寫的《支那人的性格》（一八九○年刊），針對中國人的性格舉出下列二十六項特性：

1. 面子。

2. 節儉。

3. 勤勉。

4. 重視禮儀。

5. 缺乏時間觀念。

6. 缺乏正確性與細緻性。

7. 精於誤解他人。

8. 言語委婉。

9. 陽奉陰違。

10. 缺乏理性。

11. 感覺遲鈍。

12. 看不起外國人。

13. 沒有公德心。

14. 保守主義。

15. 不喜愛西洋人的安樂。

16. 旺盛的生命力。

17. 能吃苦。

18. 樂天知足。

19. 孝順。

20. 仁惠。

21. 缺乏替別人設想。

22. 過多的社會風波。

23. 沒有責任。

24. 疑神疑鬼。

25. 不誠實。

26. 多神論。

以上是十九世紀末，一位美國傳教士眼中的中國民族性格。

日本京城大學教授天野利武關於中國國民性的著作有六十餘本，曾將四百數十幾項中國民族性歸納為一百三十三項。其中被提起十次以上的，總計如下列（大陸文化研究，昭和十五年）：

1. 精於算計，功利主義者。

2. 貪欲、利己。

3. 貪財又視錢如命；熱衷積蓄錢財。

4. 樸素，節儉，善於廢物利用。

5. 優秀的商業人才，經濟觀念發達。

6. 商業道德進步中。

7. 心存僥倖，好賭。

8. 勤勉。

9. 能忍耐。

10. 感情遲鈍。

11. 沒有同情心。

12. 殘忍。

13. 慢吞吞、不活潑。

14. 悠閒，不在乎。

15. 享樂主義，沉迷物欲。

16. 柔弱，膽小。

17. 文弱，尚文卑武。

18. 愛好和平。

19. 老奸巨猾。

20. 習慣性說謊，不老實。

21. 好欺詐與欺詐。

22. 疑神疑鬼。

23. 對權勢低聲下氣。

24. 自尊心強。

25. 好面子。

26. 虛榮心強。

27. 強烈的血緣、地緣觀。

28. 明哲保身。

29. 擅長社交。

30. 注重虛文縟節。

31. 保守。

32. 迷信。

33. 宿命論。

34. 缺乏科學精神與好奇心。

直到大東亞戰爭為止，以上是最常被提起的中國國民性格。

當然，中國地廣人多，民族也多；一般談論中國人性格時，大都是指漢民族的民族性格。但是，即使同為漢民族，也會因地域不同而有不同的風俗和性格；而且，也會因為社會階級不同而有不同的價值觀，就算不是十個人十個樣，實在也不容易舉出共通的國民性格。從一君萬民制、中華帝國，到人民中國，這中間經歷了不少運動、改革、革命，國民性格也隨著時代變遷而改變，要了解中國民族性真的很困難。

不過，國民性格隨著時代不斷改變，骨子裡

仍有很多性格是不動如山的。這些性格有強弱
程度的變化，也有些在本質上不會改變。

中國人的恫嚇教育

　　作家陳舜臣在《日本人與中國人》一書敘
述：日本是一個相知即為自家人的島國，所以
人與人之間以「心傳心」的方式交流；中國則
不然，中國人重視「說服」更甚於一切。陳舜
臣還將文化大革命看成是一個大型的「說服運
動」。關於這一點，筆者難以苟同。

　　在日本家庭教育中，常常可以看到父母親勸
導孩子的景象。而中國的教育方式，最常見的
是「啪」的一聲，一掌打到小孩身上。與其說
勸導，應該說怒罵、恐嚇居多。大多數中國人
小時候都有屈服於父母或長輩的暴力經驗；進
入學校後，也常被老師以暴力「說服」。台灣
話稱這種暴力的教育方式為「修理」。出了社
會之後，非但不以「說服」方式，甚至更發展

到「對罵」的「非說服」方式。這就是在中國街頭上常見的「罵街」。

在中國，與其勸導人民，不如先逮捕然後施以私刑，接著再強迫自白，被逮捕的人常常不知道被捕的原因為何。

如果說中國人有真正的「說服」方式頂多只是「政治學習運動」而已；或者是在一九五〇年代很流行的「憶苦思甜」的大眾運動。（中國文革時期流行的口號，要大家不要忘記舊社會的苦，才會知道新社會的甜。）至於真正的說服，在中國社會日常生活中是很難看到的；反而是從政治舞台下來後，或是在「犯錯」之後的「自我批判」、「洗腦運動」或「勞動改造運動」裡，才有「說服」方式。

筆者在學生時代，有一年曾在某一個華僑所經營的彈珠店打工。由於老闆的媳婦是日本人，當筆者看到她在教育孩子時，才知道日本與中國教育的差異。

例如，當老闆的孫子光著腳在地上走時，華僑的那位爺爺會手拿一支尺，作勢要打，以之

嚇阻小孩；但小孩的媽媽則總是很有耐性地勸
阻小孩說：「唉呀！怎麼又光腳了呢？不是跟
你說過好幾次，腳會弄髒的喔。」

　　筆者常與一位好朋友討論中國與日本教育方
法上的差異，心中總是無限感慨；不管怎麼
看，中國人都是威嚇式的，日本人是勸導式
的。

利己主義的中國人

　　利己主義，應該沒有一個民族像中國人那麼
嚴重吧！也許在嚴酷的歷史社會環境，人民不
得不如此。強烈的求生本能在不是你死就是我
活的情況下，一定優先考慮自我利益，然後才
是家族、宗族，依此順位行事。

　　因此，首先形成血緣、地緣的社會，國家與
民族是其次、再其次了。現在的中國，仍未
形成具現代含意的「市民社會」或「市民意
識」；即使有「利己主義」，絕非西洋的個

人主義社會。因為每個人的存在都是如此脆弱，只能依賴家族或宗族來求生存，所以個人主義無法存在。

中國人在二十世紀以來，革命接踵而至，在改革之後，又陷於改革風暴，求生存的結果，導致社會風氣由右派變成左派的全體主義。人民中國成立後，在革命集團主義的洗禮下，「個人服從組織，下級服從上級，全體黨員服從黨中央」，成為行動基準原則。在高唱「個人為人民奉獻」達半世紀之久的革命國家，卻在改革開放後變成「向錢看」的社會；傳統的利己主義得以復活，錢成了人生最大的依賴。一向只問是敵或友的中國人，所有的努力都是為了揪出敵人那種旺盛的鬥爭心；曾幾何時，整個中國充滿為搜「錢」而紅了眼的中國人。

孔子曾說：「己所不欲，勿施於人。」也就是說，自己不愛的事物，不要加諸在他人身上。

但中國也有句俗語說：「自掃門前雪，莫管

他人瓦上霜。」只要守著自己的本份，何必去管他人，這種徹底的利己主義，才是中國傳統的處世之道。

也許正是如此，中國人才比美國人更以自我為中心，更利己主義，而且人多嘴雜，一旦堅持自己的主張，就誰也不讓；不用多久，就天下大亂，不可收拾。

現在的國際會議或學會會議也是如此，只要有一個中國人加入，馬上就起爭執，常常讓既有的結論或共同聲明流產。筆者常常從出席國際會議的朋友口中聽到此事。

「中央幹部忙組閣，省市幹部忙出國，地縣幹部忙吃喝，區鄉幹部忙賭博，村裏幹部忙偷摸。」這是最近的流行語，真是充分說明現代中國人的真實樣貌。

什麼都不能相信的中國社會

若要指出中國社會人類關係的最大特徵，絕

對是「不信任他人」這一點。中國人不僅不相信自己的國家，不相信社會，不相信自己的同胞。尤其在文革時期，連父母子女或兄弟之間都不可相信，所以出現了一句「爹親、娘親，不如毛澤東親」。

在中國，家庭是個人可以依靠的最後防線，其餘，如同事或友人，就不可以大意了。不過，最終可以信賴的，還是自己。

中國人總是不斷地對外國人強調「友好」，其實根本是不信任他人的一種自我防身術。

中國人不只對家庭以外的份子有強烈的不信任感，對朋友也不例外；朋友常常是用來追求自己利益的工具。中國人處在面對少數階級敵人的時代裡，不僅對毫無關係的人如此，甚至在最後的堡壘：家庭中揪出階級敵人更是理所當然。兒子可以告發父親，就如劉少奇與林彪都是被兒子告發，被鬥爭或被迫逃亡。

不僅兒女告發父母，兄弟、夫妻之間也流行互相告發。夫妻離婚，父母、兄弟斷絕關係的事情屢見不鮮。原本就是利己主義的中國

人，從無法相信國家或黨，變成家族、親戚之間也無法互相信任。現代的中國人即使踏上國際舞台，仍然是最孤獨的人類。

中國人社會很容易發生吵架事件。不管在路上，公車裡，或是工廠內，總是有互毆的事件，無關乎時間與地點。只要一發生吵架，馬上聚集一群看熱鬧的人，當中一定有人跟著起鬨：「打！打！」或：「殺！殺！」這些起鬨的人也許認為：當下情勢對自己危險吧！

文革以後，身心俱疲的中國人從原本對國家、共產黨和社會的熱情變成了無關心、無責任、無奈何的三無主義者。

在文革的挫折中，中華思想逐漸褪色，年輕人之間所流行的「沒勁兒」，被稱為「迷惘症」。

那是隨著喪失傳統價值的同時，連新社會主義價值也喪失的併發症，也帶來社會主義信念的危機。

這種「信念」的危機，什麼都無法相信，什麼都不可靠。因此，每個人在對任何事都不抱

希望而自我喪失之下，被蜂擁而至的「資本主義」所污染，毒品、賣春、強盜、販賣人口、賭博和殺人等六大禍害瀰漫整個社會。

總之，全世界只有中國是不信任他人的社會，沒有可以依賴的老朋友，也沒有可以依賴的親族，凡事只有自己。

現代的中國人毫不掩飾除自己之外絕不信任他人的心態，為了今後在嚴酷的社會競爭與不信任他人的社會中求生存，這是唯一的方式。當然，改革開放後的中國，類似文革時期流行的「密告」已不多見；然而，中國人還是無法在好朋友面前毫不掩飾地批評體制。

不相信他人的中國人

在戰亂社會中求生存的中國人，和日本人最大的差異是無法徹底相信他人。

日本人生活在沒有外敵的和平社會，人與人之間幾乎沒有戒心，雖帶「傻氣」，卻是世界

上最老實的人類。日本人悠閒而沒有戒心，喜歡團體行動，無意識地跟隨領導者的習性相當強。

中國人無論從任何角度來看，都比較像孤獨的狐狸，總是獨自地一邊警戒週遭環境，一邊行動。無論對手說什麼，心裡一定先揣測對手在想什麼？有什麼目的？或是對手是不是想利用自己鬆懈的心，獲取某種利益？總是心存多疑。

所以，無論日本人說什麼，中國人都認為：「那是騙人的！」連「友好人士」的友好也只是某種阿諛迎合而已。

即使如此，日本人還是單純地相信近乎「神話」的說法：「中國人雖然很不容易相信別人；但是一旦取得信用則不會輕易背叛。」筆者對於第一句沒有異議，但對第二句就無法苟同了。

中國有句俗語：「一人不進廟，兩人不窺井。」意思是說，一個人不要隨便走進廟裡，以免被不肖的住持謀財害命；兩個人不要

一起窺探水井，免得其中一人因另一人覬覦他
的財物，被趁機推下井。

中國社會是一個「不信任他人的社會」。尤
其是位居權勢的人更是如此，無時無刻擔心
自己會不會被戰友或好友背叛，終日戰戰兢
兢、惶惶不安。

日本有句話說：「男子一出門，就有七敵
人。」但在戰亂內鬥從未終止的中國社會，不
要說男子，任何人只要一出門，就會有無止盡
的鬥爭，伸腳之處就有潛在的危險，自然會成
為無法信任他人的社會。

把「友好」掛在嘴邊的中國人

現代的中國人其實是一個非常寂寞的民族，
沒什麼好朋友。到處「友好」說個不停，卻是
快說破了嘴，還是沒什麼好友，所以不得不把
「友好」掛在嘴邊。

今日的中國，很少人能有同甘共苦的朋友。

前首相田中角榮一向被視爲日中友好的元勳，是中國的友人；曾經有位中國的高官每次到日本訪問，一定到田中前首相位於目白區的住處拜訪，以表現中國人的「友好」原則。中國人雖將「老朋友」看得很重，事實上卻是一個交不到朋友、極度寂寞的民族。

到最後，中國人只好依賴親戚，靠著同姓、同鄉的關係，創立宗親會或同鄉會，強調互相扶助爲宗旨。

但中國人一旦牽扯個人利益時，即使兄弟也是不共戴天的仇人。尤其是爲了爭奪遺產，親戚、兄弟之間也可以成爲決戰生死的死敵。

中國人最愛說一句話：「有朋自遠方來，不亦樂乎。」強調中國人是如何愛護「友人」，重視「友人」。半世紀以來，中國人如放唱片般地屢次向日本人表示「友好」。但是，如果因此認爲中國人重視朋友、是友邦國家，那就大錯特錯了。

中國人認爲「三分義氣」或「同甘共苦」是友好的必要條件。然而中國卻有句俗話說：

「朋友是交來的，老婆是騙來的。」歸納起來，相對於中國人為了實質利益去結交朋友，日本人則是自然地去認識朋友，兩者之間頗有差異。

對周遭常懷戒心的中國人

對日本人而言，個人資訊是公開性的，如出生日期、教育程度、家庭背景……等等，一旦成為政治家，連個人財產都必須公開。

與日本人相反的，中國人對於個人資訊是極端的秘密主義者，因此對政治家的背景大都不清楚。文革期間，甚至極端到如果個人資料被外國人知道的話，會被處以國家秘密洩漏罪。曾經有個笑話說：有個小學生問老師：「我的名字是國家機密嗎？」由此可見一斑。

最近在日本的中國留學生，對個人關係或行動也非常保密；就有日本保證人一點也不了解

所作保的中國留學生的狀況。極端的秘密主義，讓很多中國人不僅喪失友誼，也彼此各懷戒心。

如果以朋友而言，最棒的友人應該是日本人，最危險的是中國人。

孫文的日本朋友宮崎滔天對革命的真心協助，比數萬個中國同志還多。

至少，日本人與中國人在忠誠心上有極大的對比。台灣人就不把中國人當成朋友交往，因為有極度的危險性存在；但對日本人則推心置腹。世界上最可信賴的還是日本人。

曾經被毛澤東稱為「親密的戰友」，還被指定為接班人的林彪，到最後落得「謀叛」主席的罪名。由此可見中國人所謂的友人關係。中國人大都隨著年齡成長，對週遭的戒心與不信任也跟著成長。

當然，毛澤東曾衷心說過對加拿大醫師白求恩與美國記者史諾（Edgar Parks Snow）兩人的信賴，超過所謂的最親密戰友林彪。

愛吵架的中國人

戰前的日本人常常舉出日本的國民性，並且拿來和外國人比較、討論，相關的書籍也相當多。

戰後，根據統計數理研究所有關「日本國民性」（昭和二十八年、三十三年、三十八年）的調查，日本人的優缺點如下：

優點——勤勉、有耐性、禮儀正確、親切、追求理想、淡泊、開朗、尊重自由、合理化、獨創性豐富。

缺點——急性子、三分鐘熱度、島國性、模仿性、執著、狡猾、小氣、輕薄、傲慢、殘忍。

上述的調查結果，依回答者而有差異，也有個人性的差異，亦顯現優點與缺點之間的矛盾。例如，有耐性與三分鐘熱度兩者之間就有矛盾。

　　根據筆者個人的體驗與觀察，日本人的優點可以適用於中國人的，僅「追求理想」一項而已。相反的，日本人的缺點，除了「島國性」之外，幾乎所有缺點都適用於中國人。

　　一般的日本人認為日本人急性子，不做麻煩事；中國人雖慢條斯理，但格局比較大。

　　日本人因為急性子，所以很容易跟人吵架。但是，大部分只要事過境遷，就不再記恨。最具代表性的就是「江戶之子」。因此，「火災」與「吵架」還都被形容為江戶之花。

（注：江戶為東京的舊稱）

　　也常有人說，中國人雖然少有暴力行為，口角卻是沒完沒了，只要一方不肯認輸閉嘴，吵架就沒有終止之時。

　　現在的中國人已經不是這樣了。為了一點小事，他們馬上暴力相向；不只是理念不同時如此，連意見相左時，決一生死都不足為奇。中國人比日本人更急躁，一點小事就可以動肝火，沒有耐性，這或許是時代潮流的趨勢吧！

不知羞恥的中國人

在有關二次大戰後日本人的論述中，最常被提起的有：露絲‧潘乃德（西元一八八七～一九四八年）的《菊花與劍》，中根千枝的《直式結構社會人類的關係》（西元一九六七年），土居健郎的《撒嬌的構造》（西元一九七一年，中文另有翻譯為《依賴的構造》）。

在露絲‧潘乃德之前，當然也有以西方人觀點看日本人的論著，其中最具盛名的有德國人西博爾德、貝魯茲的日記，和美國摩斯的《日本，一天天》。

露絲‧潘乃德的理論最廣為人知的是：「羞恥」意識規範日本人行動；「罪過」意識規範西方人。

那麼，讓我們好好來思考，對中國人而言，和「羞恥」、「罪過」對等的行動規範是什麼？

　　古時候的中國人有「天譴」這種類似「罪過」的思想意識，但是從春秋戰國進入中華帝國之後，「罪過」的意識漸漸就消失了。

　　中國人自古主張「禮、義、廉、恥」為社會的倫理規範。孟子曾說：「知恥近乎勇。」所以中國人並不是沒有「羞恥」意識存在，只是沒有像中國人這麼厚臉皮。

　　日本以羞恥為文化之國的基調，道德的絕對標準中有羞恥意識，羞恥感是形成社會文化的原動力。相對地，有人認為中國不但沒有「罪過」，也沒有「羞恥」，只有「名」。以筆者的觀點來看，中國人重「實務」更甚於「名」，是「好看不如好吃」。

　　西洋人有「罪過」意識，日本人有「羞恥」意識，中國人則是受到「名」的意識支配。這種「名」的意識，終究只出現在中國的歷史經典裡，並不適用於一般的中國民眾。中國人會注重「名」的，只限於所謂的「君子」，也就是讀書人階級而已；被稱為「小人」的「庶民」，寧捨名而重利。不過也不全然如此，中

國的讀書人如果在「名利」不能兼得時，寧可捨棄「虛名」而追求「實利」，也寧可捨棄「義氣」而追求「名利」。

的確「名」是由「面子」所產生的一種長久「歷史意識」，雖然曾試圖以佛教的輪迴轉生（今生努力，來生收穫）來取代名垂千史，可是，不僅中國一般民眾做不到，連讀書人階級都很難做到。

比較國民性時，最常犯下的錯誤是將特殊性和普遍性案例混合，造成取樣錯誤。

特殊案例因為突出、易見而醒目，反而容易造成一般性、普遍性的錯覺。

半世紀以來，露絲・潘乃德的論述不斷地受到評論與批判，其中最為人知的是民俗學者柳田國男與哲學家和辻哲郎。

櫻井庄太郎（西元一九○○～一九七○年）的《日本封建社會意識》一書認為：名譽與恥辱是封建社會的「體面意識」。羞恥意識帶出「名」的社會意識，與封建社會共同發展，到了江戶時代，便出現了所謂的武士道。

柳田國男認為個人的羞恥是「面子」，「聲譽」則事關團體。而且日本人受佛教影響，甚至最近有「業重才會生為女人」之說。神道則認為罪過可以透過「祓禊」（日本神社消災解厄的儀式）得到清淨。羞恥的文化在日本戰敗的瞬間化為烏有，所以，與其說日本人在「恥的文化」中重生，不如說日本人是在比西洋人更強烈、深沉的「罪的文化」中才得以重生，並且也將繼續維持這樣的文化。

佛教思想認為：人類內心的各種慾望，注重煩惱更甚於罪過或羞恥。因此，從煩惱中「解脫」，是人生最大的課題。

死不認錯的中國人

在全世界各民族中，像日本人這樣對生命總有一份感動的心，常常自我反省的例子還真是少見。不僅如此，日本人還常常醜化自己去配合外來的批判，甚至流行自虐的風氣，把自

己弄得傷痕累累。例如，日本現代史以清一色的「侵略」記述手法來告訴下一代，知識份子還為此引以為傲。在這個世界上，除了日本之外，很難看到其他民族有此行為；堪稱是世紀的怪現象。

將此現象看成是日本知識份子有被虐待狂傾向的，應該不只筆者一人。

下列是最近日本商社人員與企業經營者眼中的中國人特質，可說是對今日中國人最具代表性的看法。

1. 絕對不承認自己有錯誤。
2. 總是在找藉口。
3. 只考慮對自己有利的事。
4. 汲汲於平分報酬。
5. 基本上好逸惡勞。
6. 對外國事看成是他人之事，完全不關心。
7. 對任何事都馬馬虎虎。
8. 沒有協調性，只能獨立作業。
9. 裝腔作勢，誇大不實。

10.吹毛求疵，雞蛋裡挑骨頭。

現在的中國人特質之中，無論怎麼看，還是以死不認錯最具代表性，總要找藉口將責仟全推給別人。

在日本人與中國人的民族性當中，最兩極的，要屬擔當責任的態度。

在日本社會，上司往往會為擔負下屬所犯的過錯責任而引咎辭職，甚至有人因此自殺謝罪，這一點也不稀奇。

但是同樣的問題在中國，如果下屬出錯或是貪污被發現，而上司如果無法暗中將事情處理掉的話，大部分會對下屬嚴格處分，或是將責任轉嫁。總之，所有的壞事都是別人的責任，錯不在我。這就是「中國人的性格」。

不僅如此，對於中國今日的現象，中國人不會檢討自己，都歸罪為滿清的腐敗、帝國主義對中國的侵略、四人幫的破壞……等等理由，所有的一切都是因他人引起。

與其說中國人不知道什麼是責任感，不如說把失敗的責任推給別人是中國人的習性。在嚴

酷的中國競爭社會中，求生存的必要技巧之一就是盡可能不要將失敗的責任攬在身上。

　　所以，中國人在被政敵攻擊時，絕對不會承認自己過去的錯誤，總是能自圓其說。這並非源自絕對的自信或固執己見的信念，而是如果承認錯誤、自我批判的話，除了失敗，就一無所剩了。

第八章

悲哀的

中國人

「沉睡的獅子」會醒過來嗎？

前法國總統密特朗於「六四天安門事件」（西元一九八九年）之後脫口說：「一個會向自己人民開槍的政府是沒有前途的。」不只日本的輿論，全世界的輿論也都因天安門事件而完全改變了。

「共產主義終矣」，「共產黨政治終矣」，「實驗已經結束了」，「終於到了社會主義解體的歷史性時刻」等等的言論沸騰於全世界。

不只社會主義終矣論，一時之間還流行中國崩壞論。的確，在那之後，東歐瓦解，蘇聯也崩潰了。

但是中國在高唱繼續堅持「四大原則」的同時，「改革開放」路線在幾度修正後，被「社會主義市場經濟」所取代。中國不但沒有像東歐或舊蘇聯那樣崩潰瓦解，還經濟起

飛，政治也漸漸安定。於是，「中國威脅論」的聲音日漸微弱，不只出現了「中國期待論」，最後，連「大中華經濟圈」的說法都跑出來了。

對於社會主義中國這半世紀以來，不！應該說這一世紀以來，中國「真的不得了」或「到底還是不行」的論述在日本論壇引起騷動，讓日本人憂喜交替。

例如，中國人民政府建立前，每次的社會改革都會出現中國未來將改變，或是「沉睡的獅子」終將醒來的言論。

當戊戌政變時，伊藤博文以顧問身分被邀請至中國；辛亥革命時，宮崎滔天等多位日本熱心人士為中國的革命奔走；五四運動和國民革命軍北伐等等，都讓「沉睡的獅子」將醒的期待論與中國威脅論，週期地出現在日本論壇。

尤其是社會主義中國誕生後，「社會主義優越論」在日本如火如荼地展開，對於毛澤東的「東風壓倒西風」之論更是給予極高評價，

很多日本人誠摯地相信不久的將來，中國將「超越英國，趕上美國」。

日本部分所謂有遠見的文化人，在大躍進到文革初期，認眞地相信「天國就在中國」。

但是，大躍進以大災害收場，文革也歷經「十年動亂」後結束。但有些文化人如同過去對「四個現代化」、「改革開放」的信心，仍然堅信「中國人的時代」到來，甚至還以「已經沒有回頭路」爲題著書。

尤其，一九九〇年以來的泡沫經濟瓦解後，全世界的經濟呈現衰退停滯；華僑資本以國際資本的身分進入中國，這些人對中國的看法更是一大改變。他們評論著：「二十一世紀是中國人的世紀。」

當然，「二十一世紀是中國人的世紀」並不是最近的論調。從中華人民共和國政權確立後，就開始以沉睡的獅子將醒論推展到「二十一世紀是中國人的世紀」的說法。

最具代表性的人物是繼《西方的沒落》作者史賓格勒之後，人稱二十世紀最偉大的「預言

者」阿諾·湯恩比。湯恩比自信滿滿地說：
「不久中國文明將取代西洋文明，成為世界的
領導者。」並且大膽預言，早的話，在文革後
的一九七〇至一九八〇年代，晚的話，不會超
過二十一世紀初期。

　　但是，不以預言而以科學或經濟預測給予中
國未來美夢的，是世界銀行或IMF（國際通貨基
金會）等經濟或戰略研究機構的經濟成長預測
數字。

　　例如，世界銀行一九九三年預測中國加上台
灣、香港的「中國經濟圈」的經濟規模，以所
謂「購買力平價」來計算的話，已經超過日本
的水準，預測二〇〇〇年將超越美國，成為世
界第一。（注：購買力平價—1916年由加塞爾所提
出，認為一國貨幣的對外價值，決定於兩國通貨的相
對購買力，不是貨幣的含金量。匯率是依照本國貨幣
在本國市場的購買力和外國貨幣在外國市場的購買力
兩者比較而決定。）

　　IMF（國際通貨基金會）則在一九九二年認
為中國的GDP（國內總生產）總額已經有一·

七兆美元，次於美國、日本，位居第三；二〇二〇年將超越美國、日本，成為世界第一。

就這樣，大肆流行完全沒有實體的「中華經濟圈」、「大中華經濟圈」或「二十一世紀是中國人的世紀」等論述。

筆者認為，中國人的時代，不要說二十一世紀，就是在未來，也永遠不可能實現。不只中國沒有未來，連中國人也沒有未來。由接下來所敘述的事實就可以很清楚知道理由。

中國無法停止自然環境的加速崩壞

如果中國人要在二十一世紀繼續生存下去，首先得克服自然環境加速崩壞的問題。但是，這個問題應該無法克服吧！

在古文明國家中，除了印度有二〇％森林覆蓋之外，其他如埃及、中東諸國、中國、伊朗等，不是已完全喪失森林，就是逐漸流失中。這是文明所帶來的結果。人類在利用煤炭

以前，森林與水是人類主要的能源。森林不僅
是能源而已，也被利用為房子的建材與各種
工具。當然，棺材的製作也會造成森林的濫
砍。

有關中國的森林面積，政府公告的數字是國
土的一二‧五八％，也有依人造衛星探測的實
際數字是八‧二八％的說法。一二‧五八％的
數字是世界第一百一十六位，換算成個人平均
森林面積，中國是世界平均的三分之一。

在森林覆蓋率逐漸下降的同時，還有森林分
佈不平均的問題。東北部的大興安嶺大約佔中
國森林的一半，剩下的三〇％則在少數民族居
住的雲貴高原與四川省。至於人口密集的長江
與黃河流域，除了少部分的山地與都市，森林
已經呈現幾乎消失的狀態。

森林喪失的原因來自於中國人民政府成立以
後人口急速增加。為了解決糧荒的問題，只好
砍伐森林改成農田；還有，砍伐樹木當作家庭
燃料。

一九九〇年以後，全中國每個家庭的燃料耗

用量不斷增加，大約六億至七億噸。其實，中國農家使用的不是煤炭或木炭，大部分是使用乾草、農作物的莖或動物的排泄物。由於木炭資源已經枯竭，所以工業上大都使用煤炭。

中國的森林資源，採伐、盜伐的面積比造林的面積還要大，所以，連位處森林地帶的黑龍江省也開始有森林資源枯竭的傾向。

北京被沙漠給吞沒的那一天

中國大陸不僅森林逐漸喪失，草原也逐漸喪失而被轉成農地；而且，國土沙漠化的擴大與河川崩壞也都加速進行中。

最近數十年來，中國由於人口過剩，許多農民越過萬里長城，來到內蒙古或新疆地區，將草原轉變成農地，多年生的牧草變成一年生的穀物，嚴重破壞了生態，也加速沙漠化的擴大。例如，內蒙古的草原退化三分之二，戈壁沙漠逐漸擴大。這三十年沙漠化的面積等於過

去的兩千年。

還有水源枯竭，尤其是以華北地方為中心的大地乾燥化現象，繼續擴大至全國性的規模。北京逐漸被沙漠所吞沒的危機正日漸逼近，為此還出現了「遷都論」。

過去常被歌頌「山明水秀」的長江，不僅喪失森林，而且有第二黃河的嚴重現象，不只流入東海的土砂堆積，海藻與水族類也日趨滅絕。

這種森林遭到破壞的現象，不單單只是黃河、長江流域而已，全國各地的土地表層也持續在流失中。南方的珠江現在也正面臨著黃河化的危機。最北的黑龍江也從中國人民政府成立以來，屢次遭受洪水的危害。

森林的喪失導致河川暴發，接踵而來的是乾旱與水災。

例如一向被稱為「天府之國」的四川省，五○年代每三年就受到乾旱的襲擊；一進入六○年代，每二年就發生一次；到七○年代，十年內就發生了八次。

　　自然環境因為人口過剩而遭到破壞，大地的水土保持能力已經流失，水災與乾旱襲擊農民，從五〇年代開始，只要天氣持續晴朗個十天，就馬上形成乾旱。在乾旱的天氣之下，約一星期就能讓農作物全部枯萎。

　　所以，「改革開放」後，即使出現了「萬元戶」（有錢人），另一方面卻有四川省的農民變成了「民工」，變成「盲流」，以一股巨流奔向沿海經濟開發地區。他們被稱為「川軍」。

　　在文革之後的「四個現代化」時代，中國已指出會有這種山河崩壞的現象，現在更明朗化了，而且還隨著改革開放路線的突飛猛進，更見擴大與嚴重。

　　只要今後仍繼續進行改革開放路線，山河的崩壞絕對更加速、更明朗化。當然，環境問題是二十一世紀人類共通的世界問題，但中國會因為十二億的龐大人口，環境問題更加嚴重。很令人遺憾的是，目前的中國人應該沒有能力降低山河崩壞的速度吧！

無法抑制即將爆炸的「人口炸彈」

　　依照中國人口史來看，中華帝國每次經歷王朝交替，一定會發生連鎖的戰亂與天災，交替出現人口激增與社會瓦解。漢朝最盛時期有六千萬人口，魏、吳、蜀的三國時代則遽減至約七百萬左右。

　　今日的人口問題果眞能由中國政府自己解決嗎？筆者幾乎只能以絕望的角度看待。

　　對於現在的中國人口過剩問題，很多人將責任歸咎於毛澤東，實在有欠公平。孫文擔心中國人口如果一直停滯的話，將會「亡國滅種」，所以比毛澤東更提倡增加生育。孫文與毛澤東一樣有中國人的「多子多福」的觀念。北京大學校長馬寅初爲了主張抑制人口，以新人口論質疑毛澤東的政策，因而被趕出學校，像馬寅初這種反對多子多福的人，在中國屬於例外。

現實裡，六〇年代初期的「大躍進」失敗後，開始推行人口抑制政策。但是，從「一男一女主義」和「一胎化」，到獎勵「晚婚政策」，仍不見人口增加的傾向有所解決。

中國的人口在一九五四年超過六億人，一九六四年超過七億人，一九六九年八億人，一九八一年更一舉超越十億人，到了一九八九年四月，又超過了十一億人。也就是在四分之一世紀裡，一口氣增加了四億人口。今日，沒有人敢斷言中國到底是十三億人口，還是把那些沒有戶籍的「黑戶」、「黑口」也一併算入的十四億人口。然而，每年持續增加一千五百萬到二千萬人是絕對的事實。

中國無法解決
糧食、失業與能源問題

中國人現在必須面對的問題，除了抑制人口

之外，還有糧食與失業問題。

中國的耕地面積有一億公頃，約佔國土面積的十分之一，大約是印度的一半。一九九六年所舉行的全國土地調查結果，據說發現有四〇％的「隱田」（沒有課徵田賦的田地），根本是天方夜譚。佔全世界耕地十五分之一，如何養活全世界五分之一人口？一九八〇年代約有二千萬公噸的糧食輸入，一九九〇年代開始，每年即使有四億噸農作收穫，同樣地，還是需要輸入約一千萬噸的糧食（西元一九九一年輸入二千萬噸）。

耕地每年以相當於福建省的面積在減少，以此趨勢，一百五十年後，中國的耕地將會全數歸零。

新中國自建國以來，每年耕地逐漸減少，人口與糧食的需求卻持續倍增，因此必須增產糧食。但是，糧食增產的結果絕對會剝奪耕地的土質能力，如果以「生產能力遞減法則」來看，有一天一定會達到土地利用的極限。

一九八〇年代末期，已經有一億八千萬農民

喪失了農耕地。到二十一世紀初時，至少有二億到三億的農民面臨失業的危機。而且，剩下的農民在改革運動持續推動下，貧富更趨懸殊。隨著都市與農村的差異，農民幾乎沒有前途可言。

現代的能源已經由一九六〇年代的煤炭變成石油，石油為能源主流已是眾所皆知。但是，二度石油危機讓先進國家紛紛修正能源政策，以天然瓦斯、煤炭、原子能等代替石油能源的趨勢日益普及。

然而，現代中國的主要能源仍是煤炭，但是中國已經瀕臨能源枯竭，往後轉變成為石油輸入國已可預見。中國無法繼續自產資源的問題會成為中國近代化的一大障礙。

世界主要能源生產國的總產量（石油換算）在一九九〇年有七十六億噸，美國年消費量為十七億噸，日本則有三‧五億噸。美日歐等先進國家的總消費量大約是三十億噸。

另一方面，中國十二億人口若要達到日本現代化的一半水準，需要有其他先進國家或日本

的十倍以上資源。由於中國的能源利用效率極低，能源的平均消費量約日本的七倍，印度的一‧五倍，所以，即使將全世界的能源年產量全部給中國，也不夠十二億人口使用。根據 IEA（國際能源機構）的預測，石油資源將在二〇三〇年代枯竭，如果由石油能源的觀點來思考，爲了十二億人的近代化，二十一世紀初就會造成全世界的石油能源枯竭。

水資源枯竭是中國的最後致命之擊

從水資源問題來看中國的近代化，也是令人感到絕望。

先不談水力發電問題，就從都市水質污染問題說起。

不論農業或工業用水問題，兩者都是完成改革開放政策很重要的一環。換言之，現代的工業生產系統都需要大量使用水資源。即使不怎麼需要水資源的工廠，也需要做廢水處理。

　　但是，持續沙漠化與乾燥化的中國，水資源開始逐漸枯竭。例如，最有名的洞庭湖在這四十年之間約有五分之三被排水造田，改造成農耕地，現在只剩下五分之二。中國最大的淡水湖鄱陽湖，也在這三十年之間有一半以上被排水造田，水域逐漸縮減，還有大量的土砂流入湖內，湖底以每年上升二、三公尺的速度不斷提昇。如此繼續下去，可預見鄱陽湖從地圖上消失的一天已不遠矣。有「千湖之省」之稱的湖北省擁有眾多湖泊，在人民共和國成立之時，有一千零六十六個湖泊，到一九八一年卻僅剩三百零九個，幾乎少掉了四分之三。

　　中國在二○○○年需要七千億立方公尺的用水量，而供給量卻只有六千億立方公尺，不足一千億立方公尺。在水位低下、地盤下陷、水質惡化、鹽分上昇，和地下水或井水枯竭之外，湖水也急遽乾涸。

　　以能源與水資源的觀點來看，中國完全不具現代化所需的基本資源。

改革開放路線
造成毀滅性的環境污染

中國自改革開放以來，不僅貧富、地域差距急速擴大，環境污染的問題也日益擴大。

首先必須提出的是河川污染問題，在流域面積較大的七十八條河川當中，有五十四條河川已經被污染，其中有十四條河川的污染情況更是嚴重。

例如，從重慶經武漢到上海的長江兩岸，已經遭到工廠廢水、煤煙與垃圾等污染。長江就像是一條巨大的排水溝。黃河、淮河與珠江已經遭到非常嚴重的污染。東北部的黑龍江支流：松花江也被工廠廢水污染，附近的居民出現了奇怪的疾病。

目前中國是計畫經濟之國，在都市建設與工業化計畫等等幾乎都沒有規劃的狀況下，帶來了嚴重的河川污染，毫無對策。

　　事實上，整個中國已被大量的垃圾吞沒，環境污染愈來愈嚴重。都市每年至少增加二〇％的垃圾，上海每年製造出一千五百噸的垃圾，全國四百個都市中有三分之二爲垃圾所困，有一千萬居民的北京，因爲沒有垃圾處理場，垃圾堆積如山，只要一到郊外，陣陣惡臭撲鼻而來。

　　根據廣州市《南方日報》的報導，整個中國耕地面積的一七％、糧食的三％遭到農藥污染。

　　中國一天排出一億噸的工廠廢水，幾乎有八〇％沒有經過處理就直接流入河川或湖泊。火力發電廠因爲使用煤炭，一年產生一千萬噸的粉塵與廢水，不只如此，每年還產生三億多噸的工廠廢棄物。

　　渤海已經因爲石油污染而成了死海，黃海與東海也因嚴重的海洋污染與濫捕行爲，水產物近乎滅絕。

　　中國的都市約有三億人口，全國共有兩萬個都市。這三億都市人的生活已經身陷水質污染

的威脅中。

現在的中國，光是為了維持環境現狀，必須再投資兩倍的基本建設。依此觀察，中國已經無法解決污水處理和水源問題了。

根據國家環境保護局的資料，全國三百八十一個都市必須面對水質污染的問題，四百三十四個都市中有三分之二有垃圾處理問題，而且，每年還以二〇％的速度增加垃圾量。每年高達六千萬噸的垃圾生產量是十年前的倍數成長。

往後中國的市民生活，將被「污水與垃圾」圍繞，只能一邊過生活，一邊和公害疾病奮鬥了。

世界最大的空氣污染國

中國因空氣污染日趨嚴重，造成向鄰近亞洲各國散佈酸雨的問題。如果因石油不足而開始使用煤炭的話，會讓煤煙與粉塵形成更危險的

情況吧！

中國在二○○○年消耗了十二億噸煤炭，有二億四千萬噸的粉塵和四千萬噸的煤煙，以及二千四百萬噸的二氧化硫向地球大氣層散播，以世界最大的酸雨向四處散佈，造成鄰近諸國的困擾。改革開放步伐加快，環境污染的速度更趨急遽。

從一九八○年代開始，大陸的「酸雨」順著偏西風吹向日本，侵蝕日本的森林與湖泊。

地球的自然環境受到人類大規模的污染，出現了以往從未有過的異常氣象。尤其在最近，區域性雨量異常的局部性天氣異常衝擊著世界各地。

即使只從十二億人的產業近代化所帶來的地球污染與「溫室效應」來思考，中國人難道不是一種集體自殺嗎？

改革開放帶來強盜社會復活

改革開放後的中國社會不僅出現了「萬元戶」，連「百萬元戶」、「億元戶」也都如雨後春筍冒出頭來，其數量，根據推算應有百萬人以上。外國資金急湧向中國投資，經濟加熱後呈現出來的是百惡橫行的現象。

但是別忘了，中國還存在八千萬（「百萬元戶」的八十倍）僅能糊口的「極貧層」。

即使寬鬆估算，改革開放的受益者也僅是全中國人的百分之一而已，就算再怎麼擴大受益的地區，也都只是沿海經濟開放的部分都市居民而已。另外，可以成為「萬元戶」、「百萬元戶」或是「億萬元戶」的，幾乎都是被稱為「太子黨」的高級幹部家屬，或黨、政、公安部門等握有權力的特權階級。一般庶民頂多擺擺攤子。

不僅如此，沿海經濟開放的都市和內陸農村地區的經濟懸殊更是日益擴大。農民的年收入還抵不過都市勞動者的月收入。

還有，隨著改革開放的結果，傳統社會的亡靈，也就是所謂的六害：毒品、賣春、色

情、賭博、拐騙和迷信等等，都復活了。還
有比六害更嚴重的是「官倒」（公職人員仲介）
，例如，軍人、公安警察、武裝警察、治安軍
警等等的盜賊化與凶惡化更加嚴重。（注：政
府部門或掌權的官員利用他們可以調撥物資的行政權
力，佔有物資並轉到市場高價出售，從中牟利，稱為
「官倒」。）

中國的社會逐漸成為「強盜國家」，這是改
革開放後的社會主流現象。

有關強盜的猖獗與凶惡化現象不斷升高，從
中國政府所發表的數字就可知社會環境惡化情
況。

例如，從一九九○年一月到九三年七月
間，殉職的公安警察達四千七百人。一九九
○年，公安與盜匪的槍戰有兩千五百多次，
共殲滅了一千三百零四名盜匪；一九九二
年有三百五十多次槍戰，被射殺的盜匪有
兩千八百七十名；一九九三年上半年有
一千三百五十次槍戰，射殺了八百三十四名盜
匪，逮捕兩千三百多名。

還有，根據中國司法部發言人賈京平的報告，到一九九三年為止，入獄的犯人與被處罰勞動改造的，共有一百二十四萬四千人。

中國社會裡，盜匪襲擊公車、火車，從「資本主義的精神汙染」帶來的社會道德敗壞、貪污、詐欺、毒品等等，在危害社會的同時，黨幹部、官僚、軍警也向企業敲詐，將一般公司視為盤中物。當自然環境惡化，社會環境也必然惡化。今後，不只中國社會，連中國人也沒有未來。

不只如此，惡化的中國人變成了「國流、盲流」，從中華世界開始流向日本與周邊諸國，連歐美國家也無法倖免。如今更是橫行於世界各大都市，成了大家憂心的「華禍」。

二百年來中國人的「出走心願」

改革開放路線剛開始時，有一位中國著名大學校長到日本參加國際學術會議，他在某個溫

泉旅館裡跟筆者訴說他的內心話。他說：

「現在的中國青年對未來幾乎不抱任何希望，他們人生最大的夢想就是脫出中國。」

校長看著遠方夕陽下的富士山，悲嘆地說到他來日本之前，有數千封來自周遭的人寫密告信，警告有關單位不要讓他出國。這些密告信堆疊起來，幾乎要與他一樣高了。

從中國出走的願望，並不是改革開放後才開始的，遠在二百多年前就開始了。當時中國已過了清朝乾隆皇帝時期，自然環境與社會環境逐漸惡化，很多流民、難民搭船冒險逃出中國到海外落腳，才有今日兩千數百萬的華僑。這就是阿諾‧湯恩比所說的中國人的「和平滲透力」。

進入二十世紀，中華民國成立後，軍閥作亂加上國共內戰，社會環境與自然環境更是每況愈下，人民總是在飢餓與戰亂中輪迴煎熬。二十世紀前半期的中國人出走到海外，主要有兩個方向。其一：滿州（中國東北地方，含遼寧、吉林、黑龍江等東北三省與內蒙古自治區一

部分）日俄戰爭時，原本只有七百萬人口的滿州，到滿州事變（九一八事變）的三十年間，人口暴增至三千萬人。以每年一百萬的流民人數流入。其二：東南方向，分陸路、海路，以每年數十萬人的速度流向東南亞諸國，為此還出現了「中國必亡論」這類的書籍。

二次世界大戰後，國共內戰的結果，人民中國成立，為此流入台灣的難民有兩百萬人，之後，在數次的「難民潮」中，有數百萬人流入香港。

還有，在人民中國成立後不久，中國人越過長城到西北方的蒙古與新疆，以生產建設兵團的身分分散在少數民族地區。文革之後，大部分流向西藏高原，流亡印度的達賴喇嘛就說：現在的西藏高原，漢民族已經比西藏人還多。

持續從中國流出的巨大資金

中國改革開放後，中國人以留學生、難民、民主鬥士等身分，從陸路、海路、空路等管道，持續從中國出走。不單人民集體出走，在引誘外國資金投資中國的同時，中國人的資本反而以黑錢的方式持續流出海外。連國家文化財也陸續大量運至海外。

每年從中國所流出的黑錢到底有多少？先把黑錢的部分放一邊，光是一九九二年的資金外流，正式的數字就有三百五十億美金。

最近這幾年，中國政府動員各大幹部到世界各地，使出各種手段，策動各國媒體，遊說全世界到中國市場投資。

既然中國有如此大的市場，是世界最大的投資處女地，為什麼中國的資金反而急遽地流向海外？中國對這個問題只有一個回答，那就是：這個問題是極度「非友好」且「反中國」的問題。

中國人集體從中國出走，往後應該會持續不懈。這不是單純的政治問題，也不是經濟的問題，更不是為了追求自由，或是追求更優渥的

生活。集體從中國出走，是中國近代史的一大
歷史課題，也是文明史的問題。人口過剩造成
社會環境惡化，破壞了自然而帶來更激烈的資
源爭奪戰。因為生態體系被破壞，中國已經沒
有未來。對中國人而言，從中國出走，是一種
宗教救贖和解脫。

徬徨的中國人時代

改革開放後，如果以能源、環境問題的角度
來看中國人，無疑是中國十二億人口的集體自
殺行為。那麼，中國的領導者為什麼沒有選擇
第三條路呢？

當然，這是中華文明的性格使然。中華文明
不同於西方文明，中華文明不是一個有自然觀
的文明，也不同於日本這種與自然共生的文
明。從過去漫長的歷史來看，中華文明兩、
三千年來，從北面的黃河流域到南面的長江流
域、珠江流域，中國人將豐富的自然食物吃乾

抹淨的同時，也歷經了朝代瓦解與再生的文明。這個政治經濟體制的實體，稱爲中華帝國。

人口以億爲單位，享受最後繁華盛世的是清朝帝國。清朝盛世讓中華帝國獲得前所未有的生活空間，滿州人還解決了外患的問題。但是十九世紀後半，已經經過產業與市民革命，成爲西方列強渡海而至，中華帝國如同陽光下的木乃伊，脆弱得不堪一擊。

至少這一百年來，中國人在迷失、徬徨、痛苦的同時，還能抵抗西方文明價值體系的衝擊。改革再改革，革命再革命，最後還是不得不接受西方文明。

洋務運動、戊戌維新、辛亥革命、五四運動、社會主義革命、文化大革命、改革開放等等，全都在反映中國對西方文明的苦惱。

辛亥革命不同於戊戌維新，辛亥革命推翻兩千年來中華帝國「一君萬民制」的象徵，以「民主、民族、民生」的口號，創立了近代國家。

　　但是在這之後，中國人迷失徬徨，一邊摸索著真正的人民解放，一邊卻選擇了與西洋文明極端反向的「社會主義」。中國人還追求「文化革命」，意圖以「破四舊」的手段，破除舊思想、舊文化、舊風俗、舊習慣等等，以達成五四運動無法做到的「文化」的革命。

　　這一百年來，中國人仍然迷惘徬徨，他們用盡了所有的思想、主義以及所有的手段，到頭來還是回到當初的中體西用或戊戌維新所提的路線。雖有「四個現代化」、「改革開放」、「社會主義市場經濟」等不同的主張，但是最初的思想、原點並沒什麼改變，不是自力更生而只能依靠他人，接受「西洋風氣」、「歐化」後再出發。現在的「社會主義（中體）市場經濟（西用）」的基本構想就是過去的「中體西用」。

　　日本只以一次明治維新就完成了歷史社會的改革。中國歷經了百年以上的時間，還是只能反覆地革命再革命。

因天災與「盲流」而瓦解的中國

中國的社會底盤脆弱，也沒有經濟基盤的潛力。只要社會或自然環境有重大變化，其基礎絕對會崩潰。

例如沿海開放地區的好景氣，是泡沫型的「社會主義市場經濟」，只要手指輕輕一彈，馬上身影俱滅。現今，由內陸湧向沿海都市的「盲流」，一年達五千萬到八千萬人。這些盲流背後所代表的是約有二億沒有耕地的農民，不久之後，這些被農村淘汰的農民將膨脹至二至三億人。

中國的社會環境會惡化到全面瓦解，自然環境也極度脆弱，根本經不起自然界的激烈震動。就像連續三年的大天災襲擊歷代王朝那樣，只要一擊，就可將所有好景氣的前提條件擊垮。中國人應該不會忘記歷史一再重演的事吧！

例如，一八一〇至一八一二年，襲擊全國的

大水災與乾旱，有二千萬人死亡。一八七六至
一八七八年的大饑荒，死了一千三百萬人。
一九三〇至一九三二年的全國大饑荒，則有
一千萬人死亡。

人民中國以後，一九五九至一九六一年，連
續三年全國性規模的大災，估計有一千二百萬
至二千七百萬人餓死。一九八一年四川省的連
續水災也讓一千一百八十萬人受害。

一九九〇年代以後，世界各地都遭到天氣異
常的衝擊。進入二十一世紀之後，日益崩壞的
中國大地，難保突然某一天再受到天災的襲
擊。不僅中國大陸瞬間崩壞，改革開放也將因
此而告終結。

中國的悲慘結局絕不是漸進式的，而是某一
天突然發生全面性的崩潰。絕不是來自大自然
的反撲，或農民和盲流的反擊，而是在某一
天，突然發生一種中國式的大災難。

「六四天安門事件」之後，曾經寫下《黃
禍》一書，預言中國的悲慘結局危機的王力雄
先生，最近在「四最」之中，再度警告中國大

災難的發生。

根據王力雄先生的說法，中國人平均資源是世界上最少，但是人口最多，現在更是慾望最大、道德最低。王氏預言，這個「四最」持續高漲的話，不久的將來，中國絕對面臨悲慘的結局。

即使以最樂觀的角度來思考，也不能說中國人是有未來的。

後記

　　中國人，就如字面上的含義，是以自己的國家為中心的自我集團。最為大家知道的絕佳例子，就是中蘇蜜月期間，中國和日本的社會黨肩並肩高唱反對美國帝國主義，反對日美安保條約；一旦中蘇轉為對立關係，馬上改變成贊成日美安保條約，讓日本社會黨錯愕不已。

　　一九九八年的春天，江澤民主席揭起「未來日中關係的架構」，並到日本訪問。但是他無論走到哪裡，總是強行要求日本國民接受他自以為是的「對日本歷史的認識」，讓日本民眾只能皺眉以對。他說，如果無法以「過去歷史的認知」為借鏡的話，是不可能談論未來的。

　　但是，在兩年後的二〇〇〇年秋天，他訪

問柬埔寨，當被問到有關「過去」中國共產黨支持波布總理屠殺柬埔寨人的「歷史認知」時，江澤民則表示「忘掉過去，只看未來」。怎麼說都是以自我為中心的方便主義。

中國在改革開放，年年增強軍力的同時，極力反對有關日本生存權問題的日美安保條約，一邊獨自進行TMD構想（戰區飛彈防禦系統），一邊又反對日美的TMD構想，就像拿著槍對準別人的同時，又要求對方必須讓自己穿上防彈衣，簡直是打人喊救人。

中國人無論走到哪裡，都可以很自然地表現這種以自我為中心的思考或行動。當然，這種以自我為中心的言行，並不只限於現在的中國，是從中國人開始自稱「中國」之時就已經生根了。

就像前面文章裡所敘述的，孟子最常講的「彼一時，此一時也」裡所主張的「當時空有所變化時，昨日所說種種原則今日已不存在，這就是所謂的『君子』」。也就是所謂的

「君子豹變」。

　　總之，這樣的方便主義最符合中國人的性格。在這種方便主義的背後，是中國人的文化優越感，無視周遭人存在，對他人不信任感，自我本位與唯我獨尊。

　　那麼，是什麼讓中國人如此自我本位呢？本書試著從其漫長的歷史文化背景加以探討。甚至也就日本人與中國人的心理結構、思想原則、價值觀、國民性格等等加以比較，明顯地區分被稱為「同文同種」的兩個民族的差異。

　　經由如此的比較之後，「醜陋的中國人」的形象越發清楚地呈現出來。

　　當然，筆者這些心得並不單從圈外第三者的角度來思考，是在兩國文化與思想中長年生活後的實際體驗所得。

　　二十一世紀，中國與中國人到底會變成怎樣，台灣人及日本人又該如何去應對？需做出正確決斷的時刻已經逐漸逼近了。

新醜陋中國人. 日文比較篇 / 黃文雄著；傅紅薇譯.
-- 初版. -- 台北市：前衛, 2008.02
272面；17×11.5公分

ISBN 978-957-801-575-3（精裝）

1.民族性　2.比較研究　3.中國　4.日本

535.72　　　　　　　　　　　　　97002447

新醜陋中國人：日中比較篇

著　　　者　黃文雄
譯　　　者　傅紅薇
責任編輯　陳正雄
美術編輯　宸遠彩藝有限公司
出 版 者　前衛出版社
　　　　　　11261 台北市關渡立功街79巷9號
　　　　　　Tel：02-2897-8119　Fax：02-2893-0462
　　　　　　郵撥帳號：05625551
　　　　　　E-mail：a4791@ms15.hinet.net
　　　　　　http://www.avanguard.com.tw
出版總監　林文欽
法律顧問　南國春秋法律事務所　林峰正律師
出版日期　2008年2月初版一刷
總 經 銷　紅螞蟻圖書有限公司
　　　　　　台北市內湖舊宗路二段121巷28、32號4樓
　　　　　　Tel：02-2795-3656　02-27954100
定　　　價　新台幣250元

©Avanguard Publishing House 2008
Printed in Taiwan　ISBN 978-957-801-575-3